Paul Haupt, Paul Haupt

Die Akkadische Sprache,

mit dem Keilschrifttexte des fünfspaltigen Vokabulars K. 4225

Paul Haupt, Paul Haupt

Die Akkadische Sprache,
mit dem Keilschrifttexte des fünfspaltigen Vokabulars K. 4225

ISBN/EAN: 9783743482753

Hergestellt in Europa, USA, Kanada, Australien, Japan

Cover: Foto ©ninafisch / pixelio.de

Manufactured and distributed by brebook publishing software (www.brebook.com)

Paul Haupt, Paul Haupt

Die Akkadische Sprache,

DIE AKKADISCHE SPRACHE.

Seite 1—39 ist Sonderabdruck aus den Verhandlungen des Fünften Internationalen Orientalisten-Congresses zu Berlin, Zweiter Theil, Erste Hälfte, Seite 249—287.

DIE
AKKADISCHE SPRACHE

VORTRAG GEHALTEN AUF DEM

FÜNFTEN INTERNATIONALEN ORIENTALISTEN-CONGRESSE ZU BERLIN

VON

PAUL HAUPT

MIT DEM KEILSCHRIFTTEXTE DES FÜNFSPALTIGEN VOCABULARS K. 4225
SOWIE ZWEIER FRAGMENTE DER BABYLONISCHEN SINTFLUTHERZÄHLUNG
UND EINEM ANHANGE VON O. DONNER
ÜBER DIE VERWANDTSCHAFT DES SUMERISCH-AKKADISCHEN
MIT DEN URAL-ALTÄISCHEN SPRACHEN

BERLIN
A. ASHER & CO. WEIDMANNSCHE BUCHHANDLUNG
1883

Alle Rechte vorbehalten.

MEINEM FREUNDE

Dr. LUDWIG SCHEMANN

GEWIDMET.

Inhaltsübersicht.

	Seite
Keilschrifttextbeilage	IX—XVI
Unnumerirtes Fragment des Fünfspaltigen Vocabulars . .	IX & XIII
Vocabular K. 4225, Vorderseite	X & XIV
Vocabular K. 4225, Rückseite	XI & XV
Die Sintfluthfragmente Rm 2. II. 390 & 383	XII & XVI
Vorwort	XVII—XLIII
Auseinandersetzung mit Herrn Dr. FRITZ HOMMEL . . .	XVIII—XXVIII
Nachträge und Berichtigungen	XXVIII—XLI
Die „Weibersprache" bei den Akkadiern	XXVIII—XXIX
Epenthese des *i* im Akkadischen	XXX—XXXI
Übergang von *mm* in *ng*	XXXI, zu S. 8
A. H. SAYCE's *On an Accadian Seal*	XXXII, zu S. 15
Die akkadischen Zahlwörter	XXXIII, zu S. 18
Sumerischer Hymnus an die Göttin Istar	XXXV, zu S. 25
Assyrisches Gebet IV R. 61	XXXVI, zu S. 26
Übergang von *a-u* in *é-u*	XXXVII, zu Anm. 23
Die akkadische Wurzel *sub* „werfen, besprengen" . . .	XXXVII, zu Anm. 30
Sumer. *vé(n)*, akkad. *gén* „ich"	XXXIX, zu Anm. 36
Erklärung der neuen Sintfluthfragmente	XLI – XLII
Abkürzungenverzeichniss	XLIV—XLIV
Die sumerisch-akkadische Sprache	1—20
Dialektische Verschiedenheit des Sumerisch-Akkadischen	1— 4
Allgemeiner Charakter der Sprache	4— 5
Lautbestand des Akkadischen	5— 6
Veränderungen der Laute, Vocalharmonie	6— 8
Wurzeln des Akkadischen	8— 9
Nominale Ableitungselemente	9—11
Verbale Ableitungselemente	11—11
Pronomina	12—12

	Seite
Casusverhältnisse	13—14
Postpositionen und Präpositionen	14—15
Bau des akkadischen Verbums	15—18
Zahlwörter	18—19
Theorie J. Halévy's	19—20
Sprachproben	21—26
I. Akkadische Beschwörungsformel	21—23
II. Akkadische Familiengesetze	23—24
III. Sumerischer Busspsalm	25—26
Anmerkungen	27 - 39
Der terminus technicus „Weibersprache"	27,2
Übergang von m in v im Assyrischen	28,4
Phonetische und ideographische Schreibung im Sumerischen	28,6
Spiration von b und g im Akkadischen	29,7
Der akkadische Verlängerungsvocal	32,24
Die Wurzel $\check{s}iv$, $\check{s}uv$ „werfen, besprengen, beschwören"	33,30
Der Lautwerth a des Zeichens ID	34,31
Nominalbildungen mit vocalischem Augment	35,32
Der Lautwerth des Zeichens RAM im Sumerischen	36,33
Auszüge aus dem Fragmente K. 4648	38,39
Anhang von Prof. Dr. O. Donner	39—48

Fünfspaltiges Vocabular.
Unnumerirtes Fragment.
Vorderseite.

X —

Fünfspaltiges Vocabular.
K.4225.
Vorderseite.

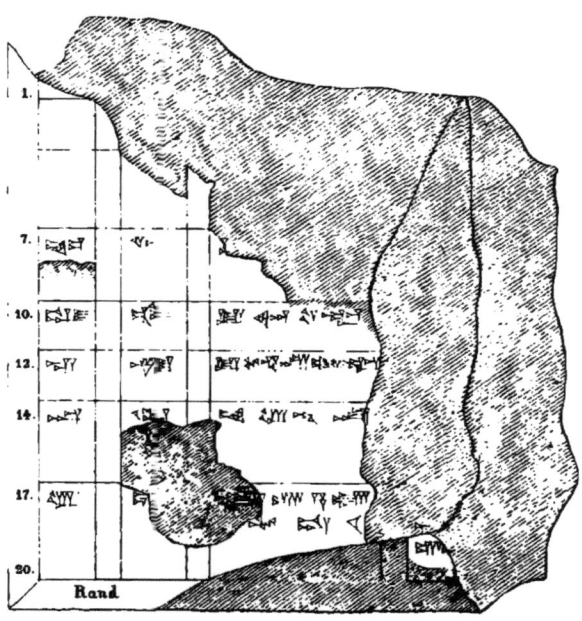

Fünfspaltiges Vocabular.
K. 4225.
Rückseite.

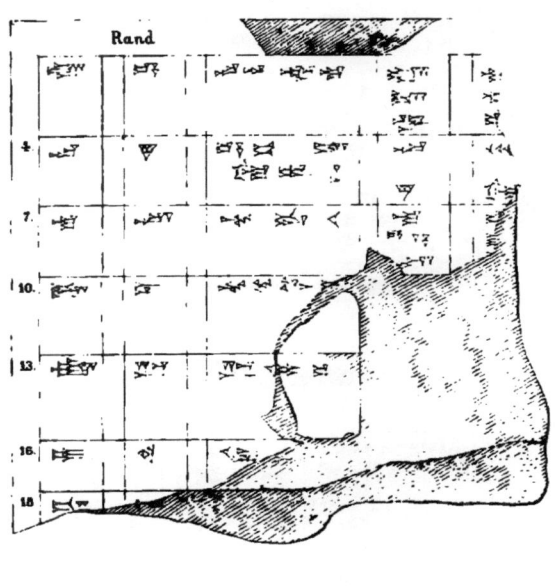

Zwei Fragmente der babylonischen Sintfluterzählung.
R^M 2. 11 und R^M 2. 11.
390   383

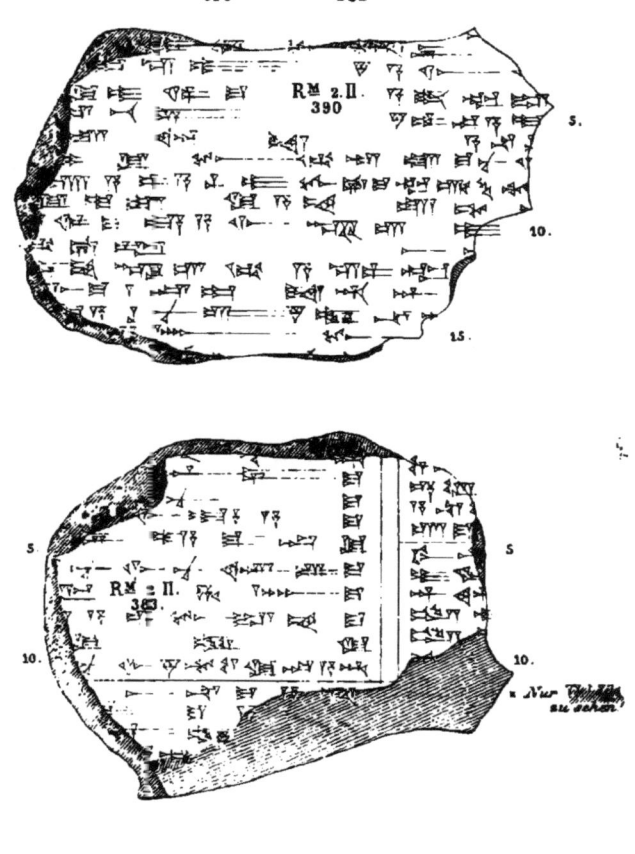

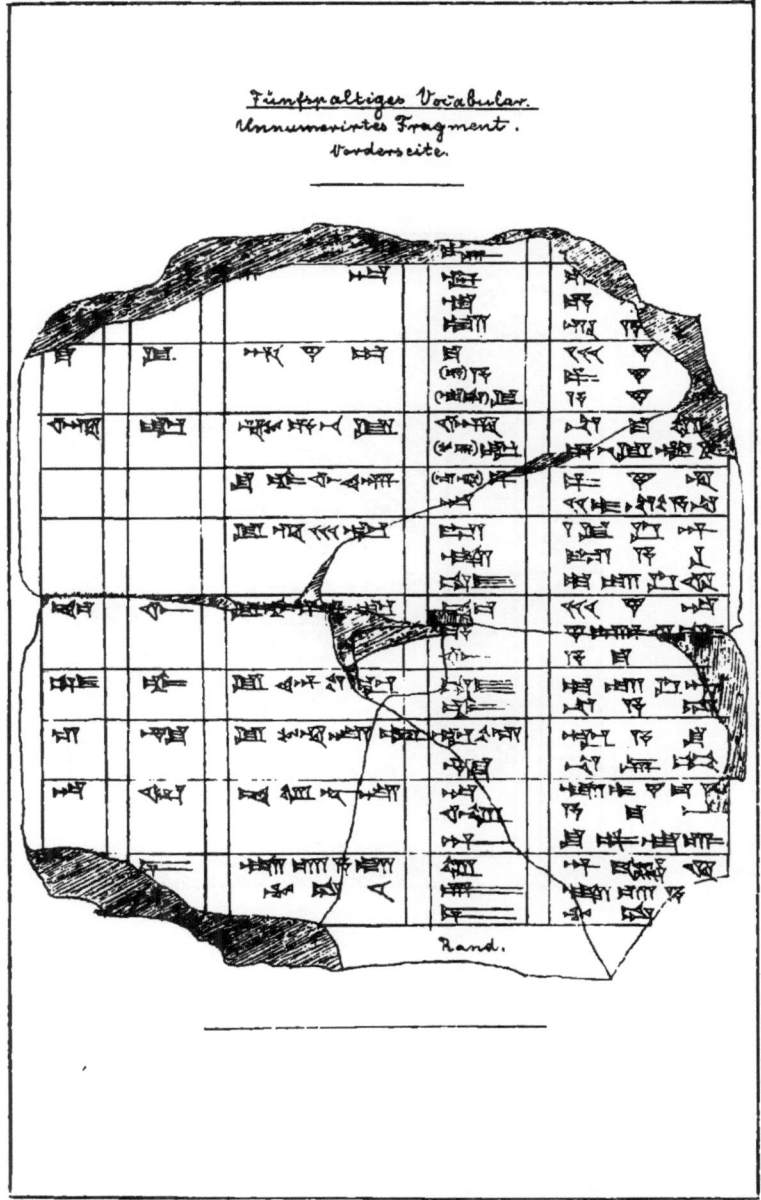

– XIV. –

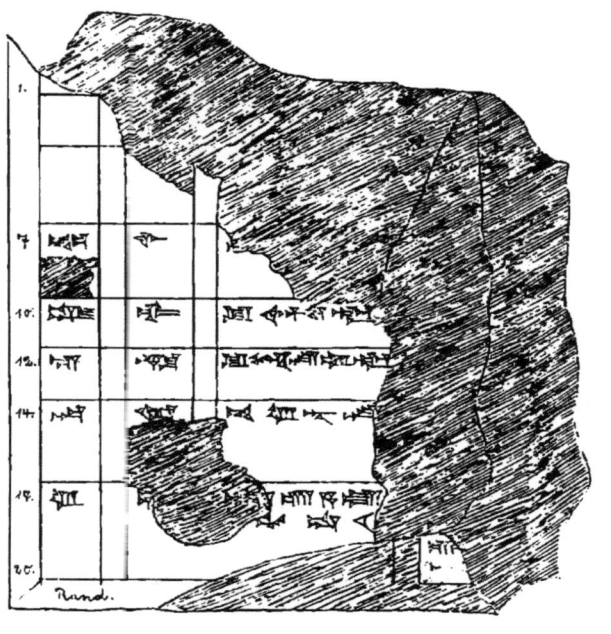

—XV.—

Fünfspaltiges Vocabular.
R. 4225.
Rückseite.

– XVI. –

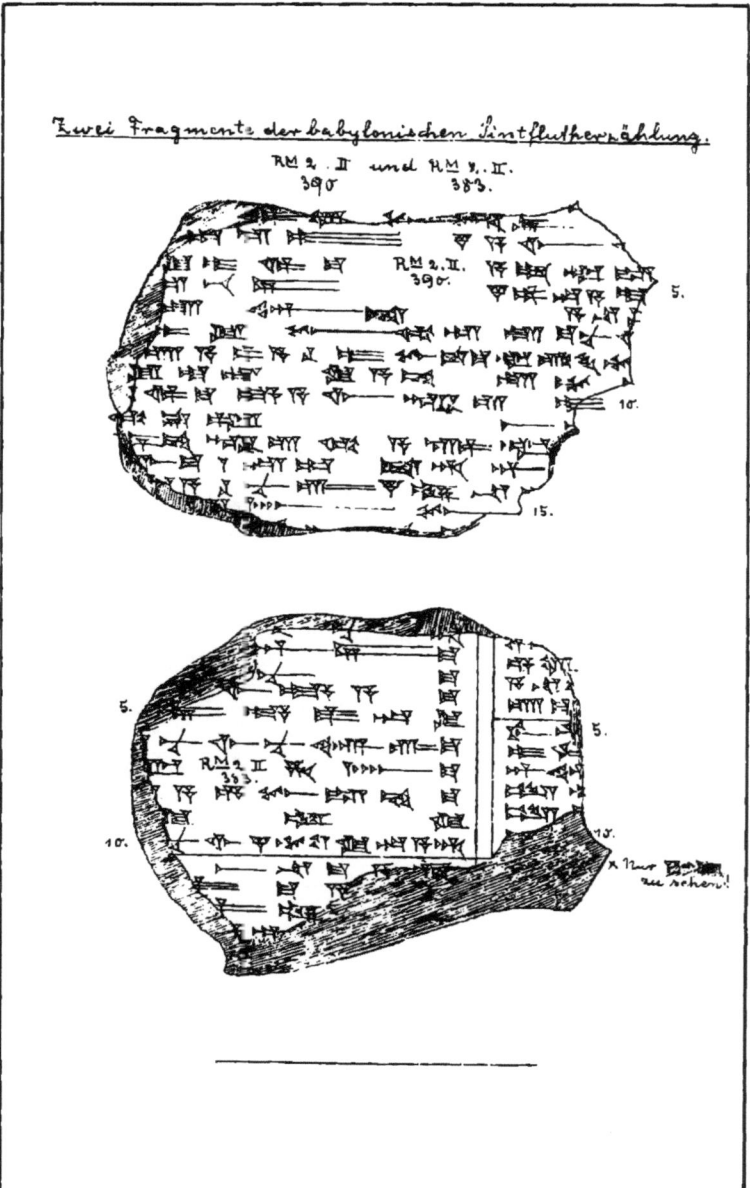

Vorwort.

Den nachfolgenden Vortrag über die sumerisch-akkadische Sprache, welchen ich am 14. September 1881 in der Dritten Sitzung der Semitischen Section des Fünften Internationalen Orientalisten-Congresses zu Berlin hielt und nunmehr, vermehrt durch den werthvollen Anhang Prof. O. Donner's *Über die Verwandtschaft des Sumerisch-Akkadischen mit den ural-altaischen Sprachen* sowie einige wichtige neue von mir im Britischen Museum copirte Keilschriftfragmente, mit Genehmigung des Congresspräsidiums in einer Separatausgabe veröffentliche, beabsichtigte ich ursprünglich in etwas anderer Fassung als Einleitung der Erklärenden Anmerkungen zu meinen *Akkadischen und Sumerischen Keilschrifttexten* erscheinen zu lassen. Ich habe jetzt statt dessen zu Anfang der Vierten Lieferung dieses Werkes in einundzwanzig Paragraphen die *Grundzüge der akkadischen Grammatik* mitgetheilt, zusammen mit einem *Kurzen akkadischen Glossar*, welches die wichtigsten Wörter enthält, die bisher ihrer Lesung und Bedeutung nach sicher gestellt worden sind. Diese grammatische und lexikalische Skizze dort ist in erster Linie für den Gebrauch bei akademischen Vorlesungen bestimmt, beschränkt sich demgemäss auch auf die allernothwendigsten Angaben, die lediglich das zeitraubende Dictiren ersparen sollen.

Meinen Congressvortrag dagegen habe ich für einen weiteren Leserkreis berechnet. Er enthält im Wesentlichen in nahezu gemeinverständlicher Form eine systematische Zusammenfassung meiner Studien zur akkadischen Grammatik, die ich an verschiedenen Stellen zerstreut in meinen früheren Arbeiten niedergelegt habe. Dort sind auch die Belege für meine hier vorgetragenen Behauptungen zu finden, soweit sie nicht in den beigegebenen Anmerkungen begründet worden sind. Mit *Machtsprüchen* habe ich mich meines Wissens nirgends

— XVIII —

begnügt, wenn mir das auch von Herrn Dr. FRITZ HOMMEL in Nr. 23 der Münchener Zeitschrift *Das Ausland* vom 5. Juni dieses Jahres zum Vorwurf gemacht worden ist. In demselben Artikel bin ich bekanntlich auch bezichtigt worden, ein Plagiat an M. FRANÇOIS LENORMANT begangen zu haben, nachdem Herr Dr. HOMMEL schon vorher in Nr. 19 des *Literarischen Centralblatts* vom 6. Mai 1882 und in Nr. 524 der *Academy* vom 20. desselben Monats die Beschuldigung gegen mich erhoben, dass ich in meinem Abriss der akkadischen Grammatik eigentlich nur FRIEDRICH DELITZSCH's Collegienheft ausgeschrieben habe, ebenso wie ich bisher verheimlicht, dass ich durch Mittheilungen Mr. PINCHES' in den Stand gesetzt worden sei, *the first account of the dialectical peculiarities* des Sumerischen zu geben.

Ich stelle im Folgenden fest, was Herrn Dr. HOMMEL zu seinem Vorgehn veranlasst hat, und wie weit seine Behauptungen dem Thatbestande entsprechen.

Am 2. November 1881 schrieb mir Herr Dr. HOMMEL, M. JULES OPPERT sei eine Viertelstunde bei ihm gewesen und habe ihm bei dieser Gelegenheit erzählt, ich hätte auf dem Orientalisten-Congresse geäussert, der HOMMEL'sche *Abriss der babylonisch-assyrischen und israelitischen Geschichte in Tabellenform* sei nicht einmal die Druckerschwärze werth. Ich antwortete darauf, wenn ich mich recht erinnere, umgehend, ich könne ihm auf mein Wort versichern, dass ich ein derartiges Urtheil nie abgegeben, dagegen hätte ich allerdings, wenn er mir diese freimüthige Bemerkung gestatten wolle, eine ähnliche Meinung von seiner mir vor Kurzem vom Verleger zugesandten Broschüre *Die Semiten*. Ich bat ihn dringend, im Interesse unsrer jungen assyriologischen Wissenschaft von derartigen überhasteten Veröffentlichungen Abstand zu nehmen. Falls er durchaus schreiben müsse und seine schönen Gaben zersplittern, so möchte er sich meinetwegen auf die vorislamischen Dichter werfen, aber nicht die Keilschriftforschung, für die Andere den Gegnern mühsam Schritt für Schritt Boden abzuringen suchten, wieder in Verruf bringen. Die Sachlage wäre nun einmal leider so, dass die Semitisten nicht sagten, unser junger arabistischer College in München hat da eine etwas unreife Arbeit in die Welt gesetzt, sondern stets: der *Assyriologe* HOMMEL hat hier durch seine *Semiten* wieder einmal gezeigt, wohin die schwindelhafte Modewissenschaft der Keilschriftforschung führt. Ich sähe mich ausser Stande, seinem Ersuchen um eine Anzeige seines Büchleins, das mir durch sein eigenthümliches Vor- und Nachwort noch ganz besonders unsympathisch sei, zu entsprechen, stellte ihm deshalb, zumal da ich mir die Schrift schon seit geraumer Zeit selbst angeschafft hätte, das Recensionsexemplar wieder zur Verfügung.

Herr Dr. Hommel hat sich dasselbe darauf in einer recht einsichtigen Postkarte vom 5. November aus, schrieb mir dann auch noch am 1. December 1881 einen sehr liebenswürdigen Brief, in welchem er mir die Mittheilung machte, dass er „einen anonymen Artikel über meine Sintfluthvorlesung an die Redaction der in Berlin erscheinenden *Gegenwart*, einer viel gelesenen Wochenschrift [sic!] abgesandt habe; bei der *Allgemeinen Zeitung* liege nämlich schon ein Artikel von ihm über die Kuschiten, und so wäre der neue über meine Schrift vielleicht erst im Juni abgedruckt worden, während ihn die *Gegenwart* wahrscheinlich schon im December oder Januar veröffentlichen würde."

Ich habe nun, obwohl ich nicht täglich fünf Stunden durch Bibliotheksdienst in Anspruch genommen bin, stets kaum Zeit gefunden, so viele Zeitschriften zu durchblättern, als Herr Dr. Hommel mit assyriologischen Artikeln versieht, kann daher auch nicht sagen, wie sich der geschätzte Recensent in der *Gegenwart* über mich ausgesprochen. Dagegen bin ich durch Prof. W. auf einen mit Fritz Hommel unterzeichneten Feuilletonartikel über meinen *Sintfluthbericht*, der am 24. Juni dieses Jahres im *Rheinischen Kurier* erschienen ist, aufmerksam gemacht worden. Herr Dr. Hommel hat allerdings erklärt, dass er trotz seiner ausgebreiteten journalistischen Thätigkeit von der Existenz dieser Zeitung keine Ahnung gehabt habe. Es scheint demnach, als wenn die Redaction des Wiesbadener liberalen Blattes auf eigene Faust Herrn Dr. Hommel's Recension meines Vortrages in Nr. 6 der *Montags-Revue* vom 6. Februar 1882 ohne Quellenangabe nachgedruckt habe. Die J. C. Hinrichs'sche Buchhandlung hat die Güte gehabt, mir auf meine Bitte am 11. October die betreffende Nummer zur Ansicht zu übersenden. Ich habe mich dabei überzeugt, dass der Feuilletonartikel im *Rheinischen Kurier* nur eine verkürzte Wiedergabe des Aufsatzes in der *Wiener Zeitung* ist, der nach Herrn Dr. Hommel's Erklärung im *Literar. Centralblatt* vom 12. August bereits Mitte December 1881 nach Wien abgegangen sein soll.

Wie sich das nun auch verhalten mag, jedenfalls steht fest, dass

Herr Dr. HOMMEL in diesen beiden Blättern ausdrücklich anerkennt, dass durch *meine* Entdeckung der beiden nichtsemitischen Dialekte Babyloniens „der langjährige Streit zwischen den bedeutendsten Gelehrten Gottlob für immer beseitigt worden sei." Dass ich durch die „important discovery of the celebrated founder of Sumerian philology FRANÇOIS LENORMANT (in the German augmented edition of his book *Die Magie der Chaldäer*, Jena 1878, pp. 399 ff.) in connexion with some conjectures of Mr. THEO. G. PINCHES, of the British Museum (afterwards published in the *Proceedings* of the Society of Biblical Archaeology, 1881, January, pp. 43 ff.)" zur Annahme eines neuen Dialektes verarlasst worden sei, wie Herr Dr. HOMMEL am 20. Mai 1882 in der *Academy* behauptet hat, wusste er also damals noch nicht, obwohl er über den betreffenden Abschnitt in dem Werke des Pariser Gelehrten, auf Grund dessen er mich dann in drei Blättern zugleich des literarischen Diebstahls bezichtigt hat, schon Anfang 1879 S. 407, Anm. 1 seiner *Säugethiernamen* achtzehn kleingedruckte Zeilen geschrieben, und sich dann in Nr. 20 des *Ausland* vom 17. Mai 1880 noch ausführlicher darüber geäussert hatte. Ebenso kannte er die Stelle in den *Proceedings* bereits Anfang Februar vorigen Jahres, ohne dass ihm dadurch irgend welche Zweifel an der vollständigen Unabhängigkeit und Originalität meiner Entdeckung erregt worden wären. Es geht dies deutlich hervor aus einer Postkarte, die er am 9. Februar 1881 an mich richtete. Ich bringe dieselbe, da nichts darauf steht, was nicht Jedermann lesen könnte, hier unverkürzt zum Abdruck.

München, 9. II. 81.

Verehrter Collega! Ich meine, ich habe Ihnen schon per Karte zu Ihrer Habilitation gratulirt. Bezold hat IV R. 2, 10/11 & 49/50 in dem längst bekannten *sisu* (das ich noch in meinen *Thiernamen* für einen Adler hielt) das hebr. *sûs* „Pferd" entdeckt (in der sumer. Columne wären die verwischten Zeichen demnach PAS. KUR. RA). In dem Satz *ina šadi irbû* scheint mir eine uralte kulturgeschichtl. höchst interessante Erinnerung an die Heimath des in den bilinguen Texten sonst noch nicht (wenigstens als Schlachtross, *murnizku*, noch nicht) gekannten „Esels des Berg- oder Ostlands" (Elam?) zu liegen. Was sagen Sie dazu? Ich habe in meinen *Thiernamen* Ihre Vermuthung oder vielmehr richtige Forderung, das landläufige *susu* zu tilgen, acceptirt, dazu jedoch bemerkt, ähnlich wie *susu* müsse das Pferd assyrisch doch gehessen haben

Als ich meine Entdeckung, die Götterliste in II R. sei auch in den 2 Dialekten, nach Leipzig schrieb, war dieselbe Delitzsch, Bezold und Jäger *eine grosse Neuigkeit*; dass Sie unterdess dieselbe Entdeckung gemacht, stand mir sicher, ich gebe also gern meinen Vorrang hier preis; einiges neue steht übrigens doch in der Götterliste. Haben Sie in den Proceedings gelesen, dass PINCHES sagt, er hätte die 2 Dialekte (in Wörterlisten und Texten) schon „*two years ago*" entdeckt? Warum hat er das nicht vor 2 Jahren proclamirt? Ich glaube es ihm; aber nachher kann natürlich jeder kommen und sagen, er hätte das und das schon früher gefunden. Die Hauptsache ist die *Thatsache* des für die Assyriologie so überaus wichtigen Funds. Wann kommt Ihre Recension von Delitzsch's Tiglathpilesar? Bitte schreiben Sie mir bald einige Zeilen, dann bekommen Sie sofort wieder eine Karte. Es ist besser, oft Karten zu wechseln statt selten Briefe, zu denen ich bei meinen 5 tägl. Bureaustunden schwer komme. *Besten Dank* für Ihre freundliche Recension in der ZDMG Nächstens einzelnes darüber. Halten Sie wirklich *Istar* noch für semitisch? Mit den herzlichsten Grüssen

Ihr ergebenster

F. HOMMEL.

Nicht minder interessant ist, was Herr Dr. HOMMEL am 13. December 1880 im *Ausland* drucken liess. Trotzdem dass er also, wie wir oben hervorgehoben haben, S. 399 in LENORMANT's *Magie* sehr wohl kannte, schrieb er S. 999 des Münchener Blattes unter der Überschrift „*Ein neuer sumerischer Dialekt* (*Vorläufige Mittheilung*)":

„Zu der viel discutirten Frage über die ältesten uns in der Keilschriftliteratur erhaltenen Texte und deren nichtsemitische Sprache, das sogenannte Sumerische oder Akkadische, hat der durch seine *Sumerischen Familiengesetze* schon vortheilhaft bekannte Assyriologe Dr. PAUL HAUPT kürzlich einen neuen allgemein beachtenswerthen Beitrag geliefert. Er entdeckte, zunächst in den schon bekannten, uralten, lexikographischen Tabellen in Keilschrift, welche das Sumerische dem semitischen Assyrisch gegenüberstellen, einen neuen Dialekt des ersteren, was nun mit einem Mal eine Menge bisher unklar gebliebener Punkte aufhellt und von hoher Bedeutung nicht nur für die philologische Erforschung dieser Texte, sondern auch für die ganze Culturgeschichte des ältesten Orients ist. Mehrere jener zahlreich uns überkommenen Wörterlisten sind nämlich drei-, nicht zweispaltig und zwar wie bei den zweispaltigen die erste, so hier die *zwei* ersten Spalten sumerisch die letzte assyrisch. In der einen dieser zwei ersten Spalten erkannte nun Haupt mit grossem Scharfsinn einen neuen Dialekt des Sumerischen und zwar, wie sich jetzt schon herausstellt, das eigentliche Sumerisch, während die andere besser Akkadisch genannt zu werden verdient. Diese Entdeckung hat er in der 17. Nummer der *Nachrichten* der Göttinger Gesellschaft der Wissenschaften (vom 3. November) niedergelegt („*Über einen Dialekt der sumerischen Sprache*"), und zwar vorderhand die erste Hälfte. Die Probe darauf, nämlich die Auffindung der so eruirten dialektischen Merkmale in einer grossen Anzahl der uns erhaltenen zweisprachigen zusammenhängenden sumerisch-assyrischen Texte, soll nächstens folgen; einstweilen gab Haupt am Schluss kurz die Nummern dieser Texte im grossen englischen Inschriftenwerke (4. Bd.) an." — —

Allem Anschein nach hat also erst das Erscheinen der Vierten Lieferung meiner *Akkadischen und Sumerischen Keilschrifttexte*, welche Anfang März dieses Jahres ausgegeben wurde, Herrn Dr. HOMMEL den erwünschten Anlass gegeben, seinem seit geraumer Zeit angesammelten Grolle Luft zu machen. Kurz vor der Mitte April erfolgten Abreise Dr. CARL BEZOLD's nach London kam ihm plötzlich der Gedanke, dass man S. 399 von LENORMANT's *Magie*, nach einigen Abänderungen, zu einer Plagiatsbezichtigung gegen mich verwenden könnte. Endlich hatte er eine Gelegenheit gefunden, wo er dem „*hochmüthigen Gelehrten*" etwas anhaben konnte! Er gab seiner herzabdrückenden Freude sofort in einer an Dr. CARL BEZOLD gerichteten Münchener Stadtpostkarte Ausdruck. Schnell wurde dann, wenn ich recht berichtet bin, im Laufe eines Nachmittags die „*Anzeige*" meines 220 grosse Quartseiten umfassenden Werkes, das sich Herr Dr. HOMMEL zuvor hinter meinem Rücken von der Verlagsbuchhandlung erbeten hatte, zusammengeschrieben — obwohl die Schlusslieferung mit Vorwort, Nachträgen und Berichtigungen noch ausstand —, Dr. CARL BEZOLD im Triumph vorgelesen — wobei leider der Ausdruck *Grössenwahn in blinder Hochmuth* abgeschwächt wurde — und dann mit einem langen Briefe, welcher der Redaction des *Literar. Centralblatts* die Nothwendigkeit dieser *Züchtigung meiner Arroganz* zu Gemüthe führen sollte, nach Leipzig abgeschickt.

Diesen Begleitbrief habe ich natürlich nicht zu Gesicht bekommen. Jedenfalls wird er aber sehr eindringlich gewesen sein; denn Herr Dr. HOMMEL wusste ja, dass Herr Professor ZARNCKE bisher FRIEDRICH DELITZSCH als assyriologischen Referenten gehabt hatte, und deshalb nicht ohne weiteres geneigt sein würde, einen neuen Kritiker gerade mit einer so schwere Beschuldigungen enthaltenden „*Anzeige*" debütiren zu lassen. Er musste ja auch darauf gefasst sein, dass Herr Prof. ZARNCKE vor dem Abdruck der interessanten Recension DELITZSCH fragen würde, ob es denn wirklich wahr sei, dass ich lediglich seine Collegienhefte ausgeschrieben und veröffentlicht hätte.

Die Redaction des *Centralblatts* hat indess die kühnsten Hoffnungen ihres Ausnahmsrecensenten weit übertroffen, und sich beeilt, die ungewöhnlich umfangreiche Besprechung so schnell als möglich ohne jede Änderung zum Abdruck zu bringen.

Herr Dr. HOMMEL schrieb deshalb auch mit aufrichtiger Anerkennung des liebenswürdigen Entgegenkommens von Seiten Prof. ZARNCKE's an Dr. CARL BEZOLD nach London:

„Unterdess ist rascher als ich erwartet, meine Rec. im *Centralblatt*, ohne dass Z. mir auch nur *einen* Ausdruck gestrichen, erschienen (No. 19 vom letzten Samstag). Der eine der begründenden Aufsätze ist bereits gedruckt (*Academy*) und erscheint nächsten Samstag; der andere (*Ausl.*) soll diese Woche gedruckt werder. Von Lenorm. & Schrader noch *keine* Zeile Antwort. Von Del. ein Brief, in welchem er Sie auch grüssen und einstweilen danken lässt. Er spricht sich darin sehr begierig auf meine Gründe für *eme-sal* = akkadisch aus; ich deutete sie ihm darauf kurz an und verwies ihn fürs einzelne auf meine beiden Artikel. Haupt ist also noch in London? Geht er nicht mehr nach Paris? Bitte schreiben Sie mir doch *recht bald* wieder.

was er zu der Rec. gesagt. Sollte er, wenn Sie diese Karte bekommen, noch in London sein, so bitte sagen Sie ihm, dass ich ihn durch nichts beleidigen wollte, dass ich im Gegentheil zu den wenigen aufrichtigen und stets das Gute an ihm anerkennenden *Freunden* gehöre, die er überhaupt noch hat. Jetzt wird er das vielleicht nicht einsehen und sich in seiner Wuth auf mich bald irgendwie rächen wollen (wobei er sich übrigens sehr in Acht nehmen soll)".

Ich ging darauf zusammen mit Dr. BEZOLD nach Ludgate Hill zu TRÜBNER und liess mir die betreffende Nummer des *Literar. Centralblatts* geben, war aber leider so verblendet, dass ich die *aufrichtige Freundschaft* gar nicht herauszulesen vermochte. Möglicherweise hing dieses mangelhafte Verständniss mit meinem damaligen Zustande zusammen. Beim Copiren der Fragmente des babylonischen Nimrodepos hatte ich mir Augen und Nerven so überanstrengt, dass ich meine Arbeiten im Britischen Museum abbrechen und nach Deutschland zurückkehren musste. Hierher schickte mir dann Dr. BEZOLD auch den Aufsatz in der *Academy* vom 20. Mai nach, und von DELITZSCH erhielt ich einige Zeit darauf Nr. 23 des *Ausland*. Bei meinem anhaltenden Unwohlsein konnte ich aber nicht daran denken, meinem *aufrichtigen Freunde* öffentlich für die drei *stets nur das Gute an mir anerkennenden* Artikel zu danken.

Da veröffentlichte LAGARDE am 26. Juni aus eigenem Antriebe in den *Nachrichten* von der Königlichen Gesellschaft der Wissenschaften zu Göttingen (1882, S. 451) eine Klarstellung, für welche ich dem Verfasser der kernigen *Deutschen Schriften* ebenso wie Herrn FRANÇOIS LENORMANT stets von Herzen Dank wissen werde. Nur die *Academy* druckte die Erklärung in Nr. 532 vom 15. Juli ab; das *Ausland*, wo Herr Dr. HOMMEL seine Verleumdungen am unverhülltesten ausgesprochen, unterdrückte sie gänzlich, und das *Centralblatt* veranlasste seinen geschätzten Referenten sogar, sich in noch viel verletzenderer Weise zu äussern (Nr. 30 vom 22. Juli), ohne seinen Lesern die durchaus sachlich gehaltene Berichtigung LAGARDE's mitzutheilen. In Folge dessen schickte ich schliesslich Ende Juli eine kurze Entgegnung ein und Herr Prof. ZARNCKE hatte auch die Güte, mich am 12. August in seinem Blatte *zu Worte kommen zu lassen*, allerdings mit einer nahezu doppelt so langen *Duplik* des Herrn Referenten, die mit der überraschenden Behauptung begann, *dass die so unangenehme Streitsache lediglich durch Dr. Haupt selbst provociert worden sei!* Ich muss gestehn, dass ich das denn doch einigermassen stark finde. Die Bemerkung hätte dem Redactionsstifte wahrhaftig eher zum Opfer fallen können, als meine Sperrdruckangaben.

Was nun diese letzten Auslassungen des Herrn Dr. HOMMEL anbetrifft, so beabsichtigte ich anfänglich, sie hier an dieser Stelle Punkt für Punkt zu widerlegen. Die ohnehin schon unverhältnissmässig lange Vorrede dieser kleinen Schrift wäre dann aber noch weiter angeschwollen. Ich werde mir deshalb die in Nr. 33 des *Centralblatts* versprochene abschliessende Klarstellung für meine voraussichtlich Anfang nächsten Jahres erscheinenden *Outlines of Assyrian Grammar* versparen. Dort soll das ganze Actenmaterial vollständig mitgetheilt werden. Hier erlaube ich mir, nur vier Puukte kurz zu berühren.

1) Herr Dr. HOMMEL sagt, ich hätte „*die von ihm deutlich in's Licht gestellte Priorität Lenormant's, anlangend die Existenz des neuen Dialektes selbst und dessen Bezeichnung durch den terminus technicus ÉMÉ-SAL nicht widerlegt*". Als wenn es sich überhaupt darum handelte, ob LENORMANT vor mir denselben Fund gemacht. Ob ich mir einen literarischen Diebstahl habe zu Schulden kommen lassen, oder nicht — darauf kommt es einzig und allein an. Ausserdem ist an der S. 399 von LENORMANT's *Magie* vorgetragenen Behauptung

„Die lexikalischen Tafeln verzeichnen nicht selten solche Wörter, die sich durch besondere phonetische Eigenthümlichkeiten von den eigentlichen akkadischen unterscheiden. Die Neigung dieser Wörter, ein *m* an die Stelle des *b* treten zu lassen ist deutlich erkennbar (Beispiele: II R. 40, 76a. b.; IV R. 10, 1a und 50b; 28, 31a); auch werden sie zudem stets durch Beifügung eines Ideogrammes unterschieden, das sie als solche eines besonderen Dialektes kennzeichnet: ÉMÉ-SAL"

grade so viel richtig, dass sich *nirgends* dialektische Wörter mit *m* an Stelle eines akkadischen *b* und dem gleichzeitigen Zusatze *émé sal* nachweisen lassen. Herr Dr. HOMMEL hat dies auch sehr wohl gewusst; sonst hätte er sich nicht bei Gelegenheit der „*Übersetzung*" dieser Stelle in der *Academy* vom 20. Mai zu einer — ich habe den folgenden Ausdruck reiflich erwogen — **unehrenhaften Fälschung** verleiten lassen, um LENORMANT's Priorität *deutlicher in's Licht zu stellen*.

2) Sodann behauptet Herr Dr. HOMMEL, ich hätte Ende 1880 im Britischen Museum das „von Mr. PINCHES aufgefundene, fast vollständige Exemplar" des dreispaltigen sumerisch-akkadisch-assyrischen Vocabulars zuerst in die Hände bekommen und sei in Folge dessen, zumal da ich zu dieser Zeit noch das Glück gehabt, *in daily intercourse with Mr. Pinches at the British Museum* zu sein, natürlich in der Lage

gewesen, *the first account of these dialectical peculiarities* in meinem in den *Nachrichten* der K. Gesellschaft der Wissenschaften zu Göttingen veröffentlichten Aufsatze zu geben. Zwanzig dialektische Texte waren aber schon 1875 im Vierten Bande von Sir HENRY RAWLINSON's *Cuneiform Inscriptions* veröffentlicht worden und die beiden wichtigsten Fragmente des dreisprachigen Vocabulars, auf denen sich meine ganze Abhandlung über den sumerischen Dialekt aufbaut, ebenso wie die grosse sumerisch-akkadisch-assyrische Götterliste, befanden sich sogar schon seit dem Jahre 1866 in den Händen aller Keilschriftforscher. Der grosse englische Assyriologe EDWIN NORRIS hatte alle drei Tafeln unter der Überschrift *Trilingual Lists* im zweiten Bande des Londoner Inschriftenwerkes veröffentlicht (Tafel 31, Nr. 1; 40, Nr. 5 und 59), auch zu allen drei Texten im *Index* bemerkt: *Other portions of this Tablet [have been] since found.* Ich habe das S. 532 meines Aufsatzes in den Göttinger *Nachrichten* auch ausdrücklich hervorgehoben. Die neugefundene zweite Columne (K. 4604) des Trilinguen Vocabulars hat dann schon 1877 A. H. SAYCE p. 12 seiner *Accadian Phonology* angeführt, ebenso die dritte Columne in seiner Anzeige von DELITZSCH's *Assyrischen Lesestücken* in der *Academy* vom 11. Mai 1878. (Er sagt dort: „an unpublished tablet (K. 4604 rec.) makes *mus* or *was* the Accadian numeral „three"). Desgleichen hat DELITZSCH bereits Ende 1877 Nr. 265 der Anmerkungen zu seiner *Schrifttafel* und Anfang 1878 in seinem Aufsatze *Soss, Nêr, Sar* (Zeitschrift für Ägyptische Sprache, 1878, S. 65) die dritte Columne, endlich, noch vor meiner ersten Londoner Reise, an zwei Stellen von Dr. LOTZ's *Tiglathpileser* (S. 128, 64 und S. 96) die zweite Columne und das zuletzt von HORMUZD RASSAM aufgefundene Fragment R^M 605 citirt. Es entspricht demnach auch nicht dem Thatbestande, wenn Herr Dr. HOMMEL sagt, Mr. PINCHES *gebühre der Ruhm die dreispaltigen Tafeln entdeckt zu haben, wenn er auch noch nicht voll ihre Bedeutung erkannte.* Mr. PINCHES schreibt sich auch selbst nur die Auffindung einiger Bruchstücke von Duplicaten zu. Er spricht dies unzweideutig aus in einem Briefe, welchen er vor Kurzem an mich gerichtet. Ich drucke denselben hier mit seiner ausdrücklichen Bewilligung ab, da er zugleich Herrn Dr. HOMMEL's Behauptung, dass ich ein Plagiat an Mr. PINCHES begangen, ziemlich entkräftet. Ich ersuche Herrn Dr. HOMMEL aber, entweder vor oder meinetwegen auch nach Lectüre dieses Briefes über den Sinn der beiden Worte *ziemlich entkräftet* etwas länger nachzudenken, damit er nicht wieder wie Spalte 1134, 5) des *Centralblatts* schreibe: „Wenn Herr Dr. HAUPT sich nicht doch etwas getroffen gefühlt hätte, so würde er wahrscheinlich oben einen zuversichtlicheren Ausdruck als das Wort *ziemlich* gewählt haben (vgl. daselbst: *ziemlich entkräftet*)".

Dept. of Oriental Antiquities,
British Museum,
Sept. 12th 1882.

Dear Dr. Haupt,

How Dr. Hommel has arrived at the conclusion that you were led to your discovery of the Sumerian dialect „from some conjectures" of mine „afterwards published in the *Proceedings* of the Society of Biblical Archaeology (January 1881, pp. 43 ff.)" I do not know, for (as I wrote to you on the 30th of June last) I never thought of questioning the fact that your discovery of the Sumerian dialect was made quite independently of me. Equally independent, also, were the researches afterwards made by you, for, at the time you were engaged in working out the peculiarities of the two dialects, I was taking my vacation in the Isle of Wight

Herr Dr. HOMMEL behauptet, dass ich *at that time in daily intercourse with Mr. Pinches in the British Museum* war.

Dr. Hommel's statement, that „the honour of having discovered a second dialect in the pre-Semitic literature of Babylon will always remain with M. Lenormant and Mr. Pinches" only holds good, with regard to myself, in so far as I had, about the end of the year 1878, noted the fact, and sought for and found fragments of duplicates, all of which I afterwards copied, and published in the 5th Vol. of the *Cuneiform Inscriptions of Western Asia*, pl. 11 & 12. Beyond exhibiting a label in Table-case C, in the Kouyunjik Gallery, nothing was published by me, and the only persons to whom I communicated the discovery were the Rev. J. N. STRASSMAIER and M. TERRIEN DE LA COUPERIE. You, however, were the first to publish and to explain scientifically, in your most excellent paper „*Über einen Dialekt der sumerischen Sprache*" and elsewhere the peculiarities and the laws of soundchange, etc., in the two dialects, and who first started the theory, since found to be quite correct, that the ordinary language was the idiom of Akkad, and the dialect that of Sumer. From my side of the question, therefore, I can only confirm what M. Lenormant says in Prof. de Lagarde's statement as to the part you took in the discovery of the Lower Babylonian dialect

With best greetings
Theo. G. Pinches.

Damit wäre die zweite Plagiatsbezichtigung erledigt.

3) Herr Dr. HOMMEL hatte dann auch im *Centralblatt* drucken lassen, dass ich „*das Meiste in meinen Grundzügen der akkadischen Grammatik den Vorlesungen Friedrich Delitzsch's schulde, ohne dass ich es nöthig fände, dies besonders zu bemerken*". DELITZSCH sandte mir darauf auf mein Ersuchen am 6. Juli folgende Erklärung:

„Hommels durch nichts gerechtfertigten und zu rechtfertigenden Angriff beklage ich tief. Wie er Ihnen gelegentlich seiner „Anzeige" im *Centralblatt* vorwerfen kann, mein Collegienheft über sumerisch-akkadische Grammatik stillschweigend zum grössten Theile ausgeschrieben zu haben, ist mir unbegreiflich; er weiss doch selbst ebenso gut wie ich, dass Sie fast in jedem einzelnen Punkte auf Grund durchaus eigener und selbständiger Untersuchungen über das von mir früher Vorgetragene hinausgegangen sind, einzelne Theile der sumerisch-akkadischen Grammatik überhaupt erst ganz neu begründet haben. Übrigens habe ich meinen Standpunkt gegenüber Hommel's grundlosen Behauptungen bereits im assyriologischen Jahresberichte der Deutschen Morgenl. Gesellschaft für 1880 klar genug gekennzeichnet."

Herr Dr. HOMMEL bemerkte dazu in Nr. 33 des *Literarischen Centralblatts*:

„Professor Delitzsch schreibt mir am 2. Mai: „Für Haupt's *Keilschrifttexte* habe ich leider noch immer zu wenig Zeit gehabt, um sie eingehender vorzunehmen. Anklänge in der Akkadischen Grammatik an mein einstiges Heft haben sich freilich auch mir sofort aufgedrängt, auf der andern Seite aber, denke ich, wird soviel Selbständiges darin sein, dass auch ich mancherlei daraus lernen werde." Es ist mir überaus peinlich, durch Dr. Haupt gezwungen worden zu sein, diesen Satz anzuführen. Wenn mir dieses Citat meinen geliebten hochverehrten Lehrer für lange, vielleicht für immer entfremdet, so falle dies allein auf Dr. Haupt zurück etc. etc."

DELITZSCH äussert sich nunmehr hierüber in einem am 16/10. 82 an mich gerichteten Briefe folgendermassen:

„Hommel irrt sich sehr, wenn er meint, es hätte erst der unbefugten Veröffentlichung dieser Stelle aus einem meiner Briefe vertraulichen Inhalts und ungezwungenster Fassung bedurft, mich ihm zu *entfremden*. Unsympathisch berührt hatten mich schon früher nicht wenige seiner übereilten und allzu selbstbewussten Artikel im *Ausland*, der *Academy* und der Augsburger *Allgemeinen Zeitung* — entfremdet aber hat ihn mir einzig und allein sein hässlicher, heimlich geplanter und dabei so völlig gegenstandsloser Angriff auf Sie. Was die Stelle anbetrifft, die ich Hommel am 2. Mai schrieb, nachdem — ohne dass ich eine Ahnung gehabt — seine *Anzeige* längst an die Redaction des *Liter. Centralblatts* abgegangen war, so ist mir ebenso wie anderen unerfindlich, wie Hommel grade damit seiner Sache nützen zu können wähnte. Sage ich ja dort im Grunde nur mit anderen Worten genau das, was ich später in der Ihnen am 6. Juli übersandten Erklärung entschiedener und unmissverständlicher wiederholt habe. Und zu allem Überfluss konnte und musste dieses zweite Urtheil, dass ich selbstverständlich erst abgab, *nachdem* ich Zeit gefunden, Ihre in Frage stehende Schrift *eingehender vorzunehmen*, auch in den Augen Hommel's das allein massgebende sein.

4) Endlich hatte Herr Dr. HOMMEL behauptet, dass ich gerade LENORMANT's *Magie*, aus der ich meine Entdeckung „entlehnt". 1879 in meinen *Familiengesetzen* des öfteren citirt und gerade gegen dieses Buch *with the behaviour of a schoolboy* losgezogen sei. Ich antwortete, dass dies nicht wahr sei, wohl aber hätte Herr Dr. HOMMEL in seiner Recension meiner *Familiengesetze* die *Magie* ein „Unglücksbuch" genannt und an einem andern Orte (Postkarte an mich vom 22. Juli 1879) von der „heillosen" deutschen Ausgabe der *Magie* gesprochen. Herr Dr. HOMMEL beschuldigt mich, dieses Citat aus dem Zusammenhange gerissen zu haben. Ich würde ein derartiges Verfahren für sehr unehrenhaft halten. Nur diese beleidigende Verdächtigung veranlasst mich, das ganze Schreiben an dieser Stelle unverkürzt zum Abdruck zu bringen. Es ist das erste, das ich von ihm empfing.

— XXVIII —

München (Ludwigsstr. 12, Rückgeb. II), den 22. Juli 1879.
Verehrter Freund und Mitforscher!
Noch bevor ich Zeit zu einem ausführlicheren Briefe an Sie finde, drängt es mich, Ihnen in dieser kurzen aber schnelleren Form meine lebhafteste Freude und meinen herzlichsten Dank auszudrücken über Ihr gestern an mich gelangtes Buch nebst Ihrem liebenswürdigen Brief. Die Unwandelbarkeit der Lautgesetze verfechte ich vom Katheder herab seit nun 3 Semestern, meine Schüler gehen dafür durchs Feuer; sonst glaubte ich (NÖLDEKE ausgenommen) damit ziemlich allein zu stehen. Sie können sich denken, mit welcher Freude ich Sie daher als Bundesgenossen begrüsse. In meinem Buch über die Säugethiere finden Sie schon manches gelegentlich ausgesprochen, besonders in der 2. Hälfte (wie auch in der Vorrede), eine Art Programm dagegen findet sich in meinen im August erscheinenden „semit. Zischlautgesetzen" die ich Ihnen, sowie erschienen, zusenden werde. Von den wenigen Freiexemplaren meines Buches ist leider keins mehr da. Ein genaues eingehendes Programm (ähnlich wie PAUL in SCHERER's Recens.) werde ich nächstens in der Rec. über Ihre Arbeit von unserer neuen Schule entwerfen. Nur in Kleinigkeiten stimme ich Ihnen nicht bei. X hätten Sie mehr den Hals brechen sollen, dem liebenswürdigen und genialen LENORMANT, der sich in der letzten Zeit immer mehr bemüht, die DELITZSCH'sche Methode anzuwenden (*vgl. Sie se'ne 2 letzten Arbeiten im J. As.*) haben Sie bitter Unrecht gethan, da man einen Gelehrten doch nach seinen *neuesten Leistungen* beurtheilen muss. Schliesslich ist ja was Sie von seinen früheren Arbeiten (bes. der heillosen deutschen Ausg. der *Magie*) sagen, alles wahr, aber eine gelindere Polemik trägt mehr dazu bei, Lenormant auf andere Bahnen (auf denen er factisch schon ist) zu bringen, als so wie Sie es gethan. Sein verrücktes *uniki* Kamelinnen (statt arab. *'anâq*) hat er als ich ihm die Gründe dagegen ausführlich schrieb, sofort aufgegeben und ich habe ihn so schon von manchen Irrthümern bekehrt (ich kenne ihn übrigens persönlich). Der Krakehl *schadet* unserer Wissenschaft mehr als er nützt. S. 30, Anm. 4 ist zu viel! Nächstens mehr; nehmen Sie mir die Lanze für Lenormant nicht übel; Y hätte es gerade so verdient (vgl. seinen Z!) Mit den besten Grüssen
Ihr ergebenster F. H.

'*Anâq* „weibliches Zicklein" ist auf dem Original mit arabischen Schriftzeichen geschrieben; ebenso stehn an Stelle von X, Y und Z die Namen zweier Fachgenossen des Herrn LENORMANT, beziehungsweise der Titel eines von Herrn Y. herausgegebenen Werkes. Für den Zusammenhang dürfte das ziemlich unwesentlich sein. Herr Dr. HOMMEL wird sich nun hoffentlich zufrieden geben.

Ich schliesse hieran einige **Nachträge und Berichtigungen** zu dem folgenden Vortrage über die sumerisch-akkadische Sprache.

Zu S. 2. Ob *êmê sal* wirklich „Weibersprache" bedeutet, ist noch sehr die Frage, da das Ideogramm nirgends durch *nakbu* erklärt wird. „Weibliche Sprechweise", wie DELITZSCH S. 5, Nr. 19 seiner *Schrifttafel* sagte, müsste ausserdem ja auch *lišânu nakbatu* heissen, da *lišânu* femin. gener. ist. Das *nakbu* das assyrische Äquivalent von *êmê-sal* sei, vermuthete DELITZSCH nur auf Grund von K. 247. Dort lautet Z. 1—3 der vierten Columne der Rückseite:

mar   ša-ka-nu
gá-gá   „ ma-ru-[ú]
ma-ma   „ nak-bu

Gá ist mit dem Zeichen MAL geschrieben. Möglicherweise ist hier nun gar nicht *nakbu* zu lesen, sondern vielmehr *naqpu*, das in der Bedeutung „geschlagen, verletzt, geschwächt" durch K. 2486, Obvers bezeugt ist, und *marú* im Gegensatz dazu als „stark" zu fassen. *Naqpu* könnte Synonym von *ḫamṭu* ASKT. 107, 3 ff. sein. Doch ist das alles noch sehr zweifelhaft. Ich verdanke diese interessanten Bemerkungen DELITZSCH (16/10, 82). — Ideogramm für *marú* ist, wie ASKT. 106, 11. 12 + 112, 10 und II R. 6, 37c zeigt, ŠÈ. — Der Erste, der in *êmê sal* die Bezeichnung für eine besondere **Weibersprache** bei den Akkadiern zu erkennen glaubte, war meines Wissens A. H. SAYCE. Er sagt in seiner Anzeige von DELITZSCH's *Assyrischen Lesestücken* in der *Academy* vom 11. Mai 1878:

„Another interesting fact disclosed by the syllabaries is the existence of a women's language among the Accadians. Certain words, we are told, were peculiar to the women and not used by the men. This was also the case among the Caribs, where the women were usually stolen from an alien tribe; so, too, the pronunciation of the women in Greenland is said to differ from that of the men, and the Basque verb has special forms for addressing a women. Even in this country we are familiar with the language of the nursery. It is evident, however, that the existence of a woman's language points to a want of intercourse between husband and wife, and may indicate, as among the Caribs, a difference of race. We know from other documents that the mother in Accad occupied the chief place in the family, in contrast to the later Semitic usage which regarded the women as inferior to the men.

Ich habe diese Stelle nicht ohne besondere Absicht hier zum Abdruck gebracht. —

Die in einigen sumerischen Texten vorkommende Variante des Ideogrammes für KUR „Berg" (vgl. z. B. ASKT. 121, 6. 123, 6) ist lediglich eine der neubabylonischen Formen des betreffenden Zeichens, die auch in den Achämenideninschriften vorkommt; siehe zum Beispiel das STOLZE'sche Prachtwerk „*Persepolis*", Berlin 1882, Band I, Tafel 45, Z. 7 und Z. 9; Tafel 46, Z. 4 und Z. 6 des dritten Absatzes. Durch ein Versehen ist beim Druck durchweg das babylonische Zeichen TIN statt MAT gesetzt worden; so auch ASKT. 183, XVII, vorletzte Zeile. Der Doppelkeil muss oben, nicht unten stehen. — Die *sumerische* Form des Zeichens RA findet sich auch auf einigen Tafeln der Izdubarlegenden, zum Beispiel auf dem aus den Fragmenten K. 3321, Sm. 1881, K. 2252, K. 2602, K. 4486 etc. zusammengesetzten Exemplar der Sintfluthepisode.

Zu S. 3 vgl. SAYCE, *Accadian Phonology*, p. 12. Ich habe diese interessante Abhandlung zusammen mit dem Aufsatze *The Languages of the Cuneiform Inscriptions of Elam and Media* (TSBA. III. 465) erst am 15/10. 80 vom Verfasser erhalten, nachdem meine Abhandlung über den sumerischen Dialekt bereits in den Händen des Göttinger Setzers war. SAYCE erwähnt dort p. 2 (466) ausser dem Akkadischen „an allied Babylonian idiom, which chiefly differred from Accadian by preferring *m* to *b*, *ma* to *ba* („ille") etc." Diesen Dialekt habe ich bis jetzt noch nicht ausfindig machen können. — Die Bemerkung, dass das akkadischem *q* entsprechende im In- oder Auslaut stehende sumer. *b* denselben Laut repräsentire wie das *m(r)* im Anlaute, habe ich genau so wie sie hier abgedruckt ist. schon am 14. September vorigen Jahres vorgetragen. Es ist daher sonderbar, wenn Herr Dr. HOMMEL, nachdem er meine Arbeit in den Congressverhandlungen gelesen, am 12. August 1882 im *Centralblatt* behauptet, *die richtige Darstellung dieses Lautgesetzes gehöre ihm allein an*.

Zu S. 4. Der Übergang von sumer. *s* resp. *z* in akkad. *s* zeigt sich auch bei *ša-zéba* = akkad. *ša-siga*; vgl. S^c 307; II R. 28, 60d; IV R. 26, 54b; ASKT. 122, 12. — Sumer. *mézi(r)*, akkad. *musir* scheint eine Waffe zu bezeichnen; vgl. ASKT. 111, 40d; 120, 17; auch S^b 259. — Die Mittelstufe zwischen dem sumer. *zéb* „Knie" (IV R. 9, 38a; ASKT. 118, Rev. 7; 180, VIII) und dem akkad. *dug* bildet die Form *dub* (*dù-ub*) in der akkad. Beschwörungsformel IV R. 1, 38a. Vgl. dazu das *duga* „gut" in dem sumer. Texte IV R. 20. 7 sowie ASKT. 129, 13: *kur-ša-ga = ina kirib šadi*. — Übergang von *l* in *n* zeigt sich auch ASKT. 220. Z. 39.

Zu S. 7. Zu dem Übergange von *a* in *é* unter dem Einflusse eines *i* in der folgenden Sylbe vgl. noch *éšir* „Erdöl" für *ašir* „leuchtendes Wasser" (siehe mein *Sintfluthglossar* in SCHRADER's KAT.^{2} unter נד sowie V R. 22, 25) und *géštin* „Wein" für *gaš-tin* „the drink of life". Diese zweifellos richtige Erklärung PINCHES' (*Sign-list*, 76 a) wird durch ASKT. 80, 19 bestätigt. Auch S^c 312 wird wohl, wie das phonetisch geschriebene sumer. *élim* (LENORMANT, ESC. 12, 2) zeigt, *é-li-im* statt *alim* zu lesen sei. Die beiden wagerechten Keile von *é* sind lediglich verwischt; vgl. IV R. 70, 53a. Das Wort bedeutet eigentlich „vorn (*lim*) seiend, Führer". Ebenso weisen die assyrischen Formen *ésigu*, *épinu*, *édú* (SFG. 18, 8) darauf hin, dass im Akkadischen statt *asiga*, *apin*, *adéa* mit Vocalassimilation *ésiga*, *épin*, *édéa* gesprochen wurde; vgl. SAYCE, *Accadian Phonology*, p. 5.

Vocalassimilation liegt ferner auch vor bei dem bekannten Worte *kankal* „Höhe" (ASKT. 68, 25; vgl. LENORMANT, ESC. 214; SAYCE, *Acc. Phon.* 14 und 18, was aus *ki*, urspr. *kin* (DELITZSCH, *Paradies*, 197) „Ort" und *kal* „hoch, erhaben", zusammengesetzt ist; ebenso bei dem alten Namen Babylons *Dintir*, der, wie ein unveröffentlichtes neubabylonisches Vocabular (PINCHES, *Academy* vom 22/7. 82) zeigt, für *Tin-dir* oder *Tin-dur* „Lebenswohnung" assyr. *šubat balâṭi* (vgl. dazu TSBA. VII, 105) steht; endlich auch bei *gušur* für *giš-ur* (PINCHES, PSBA. 1881, 85). Wie man sieht, behält bei diesen Zusammensetzungen stets der Vocal des wesentlichsten Bestandtheils die Oberhand. Ob die scharfsinnige Vermuthung SAYCE's (*Accad. Phonol.* 14), dass *Kami* IV R. 38, 35 b (vgl. SCHRADER, KGF. 294) nur die alte Form von *Kêngi* (für *Kangi*) „Südbabylonien" repräsentirt, richtig ist, lasse ich dahingestellt. Jedenfalls heisst *Kami(ki)* aber im Sumerischen „Land der Schwarzgesichter" assyr. *mât ṣalmat appi* (bezw. *ḳakḳadi*). SAYCE theilt mir mit, dass er diese Erklärung schon vor ein oder zwei Jahren irgendwo in der *Academy* gegeben habe. —

Zu S. 8. Schon in meinem ersten Aufsatze über den sumerischen Dialekt habe ich darauf aufmerksam gemacht, dass wir bei *dimmêr* = *dingêr* „Gott" keinen Übergang von *mm* in *ng* vor uns haben. Derselbe findet sich, abgesehen von dem bekannten *inga-da-tê* (für akkad. *imma-da-tê* „er näherte sich" assyr. *iṭṭiḫi* für *jadtâḫi*, ASKT. 110, Col. IV. 30) überhaupt nur noch ASKT. 119, 18 und 20. wo *ingan-zu* = assyr. *iltâmad* (von *lamâdu* „lernen") für *imman-zu* bezw. *im-nan-zu* steht. Ein sumer. *Gimir* „Istar" neben *Gingira* (II R. 48, 29a) ist mir nicht bekannt. Geht diese interessante Form, welche Herr Dr. HOMMEL an zwei Stellen des *Ausland* (1880, S. 383; 1882, S. 412) als gesichertes Ergebniss der Wissenschaft ohne Belegstelle anführt, etwa auf die kühne Bemerkung SAYCE's zu Anfang seiner anregenden Abhandlung *On an Accadian Seal* zurück: „*Gingir*, the Accadian Astarte, is perhaps identical with *Gimir* „a foreigner"?

Zu S. 10. Sumer. *šermal* „Herrscher" findet sich ausser den Anm. 16 meines *Sintfluthberichts* angeführten Stellen auch noch IV R. 20, 15 sowie K 4629, Col. III, 19 und besonders häufig in dem einsprachigen sumerischen Texte IV R. 60. — Zu dem Präfix *nin* vgl. noch IV R. 20, 12: *ša-bi-ta nin-gul Êlamâ-kid* „aus der Mitte des feindlichen Elam" assyr. *ištu ḳirib limniti Êlamti*, sowie die beiden bekannten Ideogramme *giš-nin-pa* „Scepter" assyr. *ḫaṭṭu* (Bors. I, 14)

— XXXII —

und NIN-GUB "Grenze" (eigentlich "Festsetzung" assyr. *kudurru*. Siehe zu letzterem Worte DELITZSCH in BAER's neuer Ausgabe der *Libri Danielis Ezrae et Nehemiae*, Lipsiae 1882, p. XI. Zur Lesung *nin* vgl. noch ASKT. 113, 36 und II R. 48, 46 g. —

Zu S. 12. Neben *nênê*, *biênênê* und *binênê* kommt auch *binê* (für *biênê*?) als Suffix der 3. Pers. Plur. vor. z. B. Sm. 954, Rev. 7. *Za* als Suff. der 2. Sing. treffen wir auch in der akkadischen Beschwörungsformel IV R. 22. 12 und 13 b: *a-bi mù-zaga-za-na ša-méni-sur* | *mù-zaga-za-na ša-mé-ni-di* (vgl. II R. 48, 22 c) "sprenge dieses Wasser mit (*na*!) deiner reinigenden Zauberformel aus und reinige ihn durch dein reinigendes Wort" assyr. *ana mê šunûti šipatka êlliti idi-ma* | *ina têka êlli ullil-ma*. *Tê* bezw. *ti* ist Genetiv von *tû* "Beschwörung", auf das zuerst DELITZSCH in LOTZ's *Tiglathpileser* 97 aufmerksam gemacht hat; *na* in *muzagazana* ist Postposition wie ASKT. 60, 14; 115, Rev. 1; K. 3172, Obv. 6. Zeile von unten (*gigana = ina mûši* "bei Nacht") R^M 2. 213 (*kimûa-na = ina ma-a-a . . . "*auf dem Lager"). Ob das Auftreten des *A*-vocals bei *za* hier von der Vocalharmonie abhängig ist, lässt sich auf Grund dieser einen Stelle nicht entscheiden. — Neben *zada* "mit dir" findet sich auch *zaéda* in derselben Bedeutung, ebenso auch *zaéra* "zu dir": R^M 2. 213 Obv. wird *za-é-da* durch *it-ti-ka* wiedergegeben und K. 4612 entspricht dem assyr. *ana kašâmc* "zu dir" im Akkadischen *za-é-ra*. Das letztere Fragment ist ein Duplikat von IV R. 29, Nr. 1, welches zwanzig Zeilen von IV R. 29, 32 a bis Z. 5 der zweiten Columne enthält. Z. 41 hat dieser Text hinter *ankiša(r)ra* deutlich IZ . . . bezw. K[IT] oder E. Das *ana* hinter *ankišara* ist natürlich als Pronomen zu fassen, entsprechend dem *mala* "so viele als" der assyr. Interlinearübersetzung, nicht als Possessivsuffix. Der Anfang der nächsten Zeile lautet daselbst: *za-é-ra ši*(sic!)-*bi ba-ra-ši-in* = assyr. *ana ka-ša-a-ma uz-na-ši-na*.

Zu S. 13. *Nêrgal Nên-ênê-kid* = assyr. *êtillit Bêlêti* ASKT. 94, 62 beweist natürlich nichts gegen meine Behauptung, dass das Pluralsuffix *ênê* sich nur bei Götternamen finde. — *Ta* als Genetivpartikel kommt eigentlich nur in dem IV R. 17 veröffentlichten *Hymn to the Sun God*, der sich überhaupt durch eine Reihe besonderer Eigenthümlichkeiten auszeichnet, vor.

Zu S. 15. Die richtige Unterscheidung des *N*-, *B*- und *M*-stammes hat schon A. H. SAYCE in seiner am 4. Februar 1870 abgeschlossenen Abhandlung *On an Accadian Seal* in Vol. III des

— XXXIII —

Journal of Philology, 1871. p. 30. Er sagt dort auch bereits von dem Präfix *mi*: „it may be a bye-form of *bi*". Ich habe diese für die damalige Zeit ausgezeichnete Arbeit des geistreichen Sprachforschers erst ganz kürzlich zu Gesicht bekommen, und halte es für meine Pflicht, hier unter anderm hervorzuheben, dass SAYCE dort bereits *na* in *ši-ni-na* II R. 13, 14a (ASKT. 60, 14) richtig als Postposition erkannt hat (p. 11, 10), während ich das erst Ende vorigen Jahres herausgefunden (vgl. ASKT. 142, § 14, 9); dass er p. 16 *šar* „König" für akkadisch erklärt und p. 19 für die Urgeschichten von der Fluth. dem Garten Eden, dem Thurmbau etc. akkadischen Ursprung annimmt etc. etc. SAYCE hat damals auch zuerst ausgesprochen, dass TUM als Verbalpräfix im Akkadischen *ib* zu lesen ist. Wenn man mit unbilliger Übergehung OPPERT's durchaus einen andern Assyriologen zum *founder of Sumerian philology* stempeln will, so gebührt dieser Name jedenfalls SAYCE. —

In Folge des Überganges von *b* in *v* (*m*) sind die Präformative für die erste Person zum Theil mit denen für die dritte zusammengefallen. *M* als Zeichen der ersten Person treffen wir z. B. IV R. 10, 58 ff; ASKT. 115, Rev. 9; 129, 31 (*ša-um-taga* = *alápat-ma*); K. 4629, Col. IV (*ma-ab*-BI = *akábî*; *nu-mu-un-ǵul-la* = *ul a-ḫad-du* „ich freue mich nicht"); K. 2871 Rev. ([GAB-*i*]*m-ma-da-an*-RI = *a-maḫ-ḫa-ár-šu*) etc. etc.

Zu S. 18. Die akkadischen Zahlwörter sind inzwischen von SAYCE und PINCHES PSBA. 1882, p. 105 und 111 eingehender behandelt worden. Besonders der letztere Aufsatz ist sehr beachtenswerth. PINCHES adoptirt zunächst die Anm. 21 meines *Sintfluthberichts* vorgetragenen Bemerkungen und macht dabei auf die Variante *taǵ* für *tab* „zwei" auf R^m 345, einem Duplicate von II R. 39, Nr. 2, aufmerksam. Dass *taǵ* „the true Akkadian form" ist (vgl. dazu Anm. 7 auf S. 29) hat allerdings viel Wahrscheinlichkeit. *Taǵ* für *tab* haben wir auch in *ataǵ guruš* „Genossin des Helden" (assyr. *rêṣat itli* II R. 19, 5b), wo das ID geschriebene *a* wieder nur nominales Ableitungspräfix zu sein scheint (vgl. auch V R. 21, 19c); ferner ASKT. 55, 44; IV R. 7, 26 und 28a; 22, 3 und 5b, wo *taǵ* durch assyr. *eṣêpu* (beachte IV R. 3, 5b) und *ruddû* „hinzufügen; helfen" (das ist das äthiop. und arab. רדא) erklärt wird. Sehr ansprechend ist PINCHES' Vermuthung, dass das akkadische Zahlwort für „sechs", *aš*, aus *a* (nicht *á!*) „fünf" (eigentlich „Hand", vgl. meine Bemerkungen in Anm. 31) und *aš* „eins" zusammengezogen sei. Sicher scheint mir ferner, dass neben *aš* „eins" auch *diš* „eins" hiess. Dieses Zahlwort ist aber nicht, wie PINCHES meint, bloss dem sumerischen Dialekte eigen, sondern findet sich auch in akkadischen Texten; vgl. z. B. ASKT. 81, 19; 199, 4 sowie II R. 15, 27 a. Zu der Anwendung des Zeichens *ǵal* für *tab* vgl. noch II R. 48, 38 c sowie IV R. 13, 54 a, wo dem assyr. *ilâni talimûka* „die Götter, deine Brüder" im Akkadischen *dingir ǵal-ê-nê* (lies *tavênê*) entspricht. Einer andern *phonetischen* Schreibung von *taba* „Bruder, Genosse" (ASKT. 66, 10; 79, 20) begegnen wir in dem Vocabular K. 2061 (ASKT. 202, 19): UD-*ma* ist dort natürlich *tama, tava* zu lesen und nach Anm. 7 zu beurtheilen. Das über *talimu* stehende *rû'a* entspricht dem hebr. רֵעַ. Assyr. *rû'a* „Genosse" kommt auch IV R. 58, 30 a vor; vgl. dazu AMIAUD, *Journ. asiat.* 1881, Tome 18, p. 242. Das Femininum von *talimu* treffen wir Sm. 954, 21, wo dem assyr. *talimti Šamaš* „Schwester des Sonnengottes" im Sumerischen *àm-ú-ru* entspricht. *Am* ist natürlich (wie *nin* II R. 48, 39 c) nominales Ableitungspräfix; das phonetisch geschriebene *uru* dagegen hängt jedenfalls mit der bekannten Wurzel *uru* „behüten, bewahren" assyr. *naṣâru* (S^b 280; II R. 48, 39 c; IV R. 21, 62 a) zusammen, sowie mit dem *uru* in dem Compositum *ê-uru* „gemeinsame Wohnung" bezw. „Ehebett" (IV R. 1, 40 a; 27, 10 b) assyr. *bît êmûti* (vgl. hebr. עָמִית) oder *bît êbûri* d. i. das hebr. בֵּית חָבֵר Proverb. 25, 24. Auf die Abstractform *talmûtu* „Genossenschaft" ASKT. 215, 31 habe ich bereits in meinem Sintfluthcommentare (KAT²) aufmerksam gemacht.

Zu S. 19. Inzwischen hat M. STANISLAS GUYARD in der Revue de l'histoire des religions einen Aufsatz über „*La question suméro-accadienne*" veröffentlicht; ebenso ist auch vor Kurzem der erste Theil eines grösseren Werkes von JOSEPH HALÉVY über die sumerisch-akkadischen Texte erschienen: *Documents religieux de l'Assyrie et de la Babylonie*, Paris 1882. Ich werde dieses Buch eingehender prüfen und dann auch in den GGA. ausführlich besprechen, sobald dasselbe vollständig vorliegen wird So lange die Einleitung nebst den Nachträgen und Berichtigungen noch aussteht, wäre eine Kritik der *Première Partie* um so unbilliger, als dieselbe, wie HALÉVY ausdrücklich hervorhebt, schon im Jahre 1880 gedruckt worden ist und nur *par des circonstances indépendantes de la volonté de l'auteur* erst jetzt hat ausgegeben werden können.

Zu S. 22. OPPERT hat mich brieflich darauf aufmerksam gemacht, dass *urudu ana šaršarābi* nicht „Schmelzer", sondern „Mischer des Kupfer und Zinnes" (zur Bronzebereitung) bedeutet. Dazu stimmt ja auch die assyrische Übersetzung *muballil* von בלל. Das Qal dieses Verbums bedeutet „ausgiessen", z. B. IV R. 28, 52 a, wo *šaméništaršar* durch *bulul-ma* wiedergegeben wird („Giesse die Ziegenmilch, welche dir der Hirt mit reiner Hand gegeben, auf die Mitte des Felles eines noch nie besprungenen Zickleins" vgl. S. XXVII). Der Grundbegriff der akkad. Wurzel *šar* ist „zusammenbringen". Auch *éšara* heisst nicht „Haus der Gnade", sondern „Haus der Versammlung"; vgl. den הַר־מוֹעֵד bei Jesaias (LENORMANT, *Magie*, S. 403; DELITZSCH, *Paradies*, S. 118). — LAGARDE hält es (Göttinger *Nachrichten* 1882, S. 164) nicht für unmöglich, dass das akkad. *urudu* „Bronze" mit dem latein. *raudus* und dem kymr. *elydr* zusammenhängt, ebenso stellt er das akkad. *guškin* „Gold" zu dem armen. οσκι. Als sicher sieht er an, dass das armen. χωχ „Siegel" mit dem gleichbedeutenden assyr. *kunūku* identisch ist. —

Zu S. 25. Dieser sumerische Busspsalm ist offenbar in vierzeiligen Strophen abgefasst. Die erste und dritte sprach der Büsser selbst, die zweite der Priester. — Der auf diesen Busspsalm K. 101 in meinen *Keilschrifttexten* folgende **Hymnus an die Göttin Istar K. 4931** (ASKT. 116) lautet, mit Weglassung der gewöhnlichen Litanei am Schlusse, in Übersetzung und Transcription folgendermassen:

„Die vollführt die Gebote Bels | . . . . . |' Das scharfe Schwert | . . . . . . ||
Gebärerin der Götter | Die vollführt die Gebote . . . . || Die aufspriessen
lässt das frische Grün | Herrin der Menschheit |; Die alles gebiert | alle Creatur
zur Welt bringt || Mutter Istar, an deren Macht | keiner der Götter heranreicht ||
Hochgewaltige Herrin | deren Gebot entscheidend ist || Lass mich beten: | „Was
mir frommt, thue mir || Mir, o Herrin, der seit den Tagen seiner Kindheit |
schwer an dem Joch der Sünde trägt || [Speise] will ich nicht essen | Weinen sei
meine Labung" . . . . . | Zähren mein Getränk |, ... | mein Sinn ist nicht
rein |'. . . . . . . | dem Herrn ich nicht . . . . | kläglich jammer
ich [über die Sünde] | die an meinem Herzen zehrt || O meine Herrine
Lehre mich erkennen meine Sünde | auf dass ich wieder ruhig schlafen kann !
Vergieb meine Missethat | doch bring' sie vor mein Angesicht" '|.

Assyrisch: [*Muštakli*]*lat parsi Bêl* | *méš* . . . . . || *patri zaktum* | . . . . .
banát ilāni | *muštaklilat parsi* . . . . . || *mušēšāt urkiti* | *bēlit tēništi* |; *banát
kālame* | *muštēširat gimir nabnitu* | *ummu Ištaritum šá idáša* | *il maumá lā
idihū* |; *beltum šurbūtum* | *šá parsuša šāturu* | *tiṣlitim lukbi* | *šá elíša tábu
lipušanni* || *bélti ultu ûm šihriku* | *ma'adiš salpūti ṣamdaku* . . . . | *ul
akul* | *bikītum kurmati* |, ... | *dimtu maštiti* . . . . | *kabatti ul
immir* |; . . . . . | *étilliš ul ē* . . . . . |; . . . . . | *maršiš adámum* || . . . . .
ada | *šumruṣat kabatti* || *bélti epišti šidi* | *tapšuhti šukni* |; *hitēti tuppiri
ubli páni'a.* —

Šá elíša tábu lipušanni heisst, wenn *šá* nicht bloss ein Schreibfehler für *á* (die Ziffer V) ist: „sie möge mir thun, was ihr wohlgefällt". — Zu *muštéširtu* in Z. 10 vgl. ASKT. 85, 40. —

Zu S. 26. Das *šû* in dem Satze *amêlim tappalasi amêlu-šû ibálut* „Schaust du einen Menschen an, so lebt der Mensch" entspricht genau dem äthiop. *hû*, Dillm. S. 334. Ebenso aufzufassen ist auch das *šû* in dem bekannten Ausdruck *ina ûmišuma* „zu dieser Zeit", vgl. äthiop. *ba'âmatíhû* „ἐν τῷ ἐνιαυτῷ ἐκείνῳ". Die entsprechende Femininform ist *ši*, z. B. IV R. 26, 43 a: *ana tâmdi ušár-ma támdum-ši galtat*, der Plural lautet *šunûti*, z. B. IV R. 22, 12b: *ana pî náráti mê liki-ma ana mê-šunûti* „an der Mündung der Ströme hole Wasser und auf *das* Wasser etc. Es ist wohl zu beachten, dass *ši* und *šunûti* sonst Verbalsuffixe sind; die entsprechenden Possessivsuffixformen am Nomen lauten bekanntlich *ša* und *šunu*. —

Zinû oder *zênû* kann dem Zusammenhange nach nichts weiter heissen als „flehen, bitten". Dazu passt auch das entsprechende sumerische *ša-diba* d. i. eigentlich „das Herz zu fassen suchen". Wenn ich nicht irre, hat GUYARD irgendwo *zinú* durch „zürnen" erklärt. Vgl. dazu II R. 20, 5c; 29, 9c; 61, 75; IV R. 10, 52 a; 19, 17 a; 58, 24 b; 62, 45 und 52 a. Dass das Synonym von *zênú*, *sabásu*, auch *šabásu* geschrieben wird, beruht auf Dissimilation; vgl. arab. *šams* „Sonne" für *sams* etc. — Dem schwierigen assyr. *a-ḫu-tan*(?) entspricht im Sumerischen bald *suǵ-a* (so ASKT. 115, Rev. 5; 122, 12), bald einfaches *a*: IV R. 11, 31 a; 30, 22 c. Auch Col. IV, Z. 12—15 des unveröffentlichten sumerischen Textes K. 4629 wird *a éri-mu a é-mu im-mi-du(g)-ga-ta | a dam-mu a tur-mu im-mé* (sic!) *du(g)-ga-ta* durch assyr. *o-ḫu-tan ali-ia a-ḫu-tan bíti-ia i-na ka-bi-ê | a-ḫu-tan mu-ti-ia a-ḫu-tan ma-ri-ia [i-na ka-bi]-ê* wiedergegeben. K. 3893 + K. 2425 dagegen erscheint als sumerisches Äquivalent von *a-ḫu-tan lib-bi*: *a i-dê* (NÊ!)-*ba ša(ba)-mu*. Zur Bedeutung von *a-ḫu-tan* vgl. noch IV R. 62, 45 b sowie Z. 26—32 a des leider allem Anschein nach nicht ganz correct veröffentlichten **Assyrian Prayer IV R. 61**:

itámûka ina unnini kitru šá ili Éa lišapšah libbúka têmikušu êliš lirimka | inhu u rêma a-hu-tan lúkbúka | amur-ma épšetašu marušta | linûh libbaka-ma rišišu rêmu | ahuz kâtsu putur aranšu | šussi tê'u u dilipta élišu. — Das heisst: „Er beschwört dich unter Thränen | Möge die Schrift des Gottes Éa dein Herz besänftigen | Möge sein Flehen dich droben gnädig stimmen | und — zum Büsser gewandt — dir Frieden und Gnade, Erlösung verkünden | Sieh' nur sein kläglichses Gebahren | Dein Herz beruhige sich und schenke ihm Gnade | Fasse seine Hand, vergieb seine Missethat | Lass weichen Irrsinn und Drangsal von ihm".

Lirim (für *#lirahhim*) ist Precativ des Pi'el von רחם; *šussi* (für
#šunsi') Imperativ des Saphel von נסע. Zwischen *dilipta* (vgl. V R.
2, 104) und *élišu* ist wohl TA d. i. *ištu* (vgl. hebr. *mě'al*) ausgelassen.

Zu Anm. 6. Besonders in dem sumerischen Texte IV R. 20,
Nr. 1 finden sich viele ideographische Schreibungen, ebenso auch
IV R. 23, Nr. 1. Vgl. auch noch die Schreibung des Abstractpräfixes
nam IV R. 10, 29b; ASKT. 123, 4; 180, III; K. 4629, Col. III, 27.

Zu Anm. 8. Für die Lesung *šarru* statt *šěrru* spricht, dass der
Stat. constr. des Femininums שָׂרַת "Königin" stets *šarrat*, nicht
(wie *bělit*. *étillit*, *édit* etc.) *šěrrit* lautet. Dazu kommt noch das akkad.
šara = assyr. *šáru* (synon. *bara* = *parakku*) S^b 355. Dieses Wort
bedeutet nämlich weder "commencement", noch "Pflanze" (Assyr.
Stud. 127), noch "Thurm" (GGA. 1878, S. 1045), sondern offenbar
ebenfalls "König"; vgl. IV R. 46, 7a sowie 9, 34a, wo *šarrúti* Pluralform ist wie *šibúti* "Älteste", *abúti* "Väter" = hebr. אָבוֹת, was
nicht aus *#abáti* entstanden ist. —

Zu Anm. 13. In Folge einer Verwechselung der Ziffern 3 und
5 folgt auf Anm. 13 gleich Anm. 16. Ausgefallen ist zwischen Nr. 13
und 16 nichts. —

Zu Anm. 23. Zu dem Übergang von *#an-šu* "Kornhalm" in
ên-šu, *éššu* vgl. IV R. 10, 31b, wo das Pronomen *ta* "was" assyr.
mínu unter dem Einflusse des folgenden *mun-zu* "er weiss" zu *tê*
geworden ist. Ebenso zeigt das assyrische *égubbú* "reinigendes
Wasser, sühnende Fluth", und das assyr. *šurménu* "Cypresse" (neubabylonisch: *survinu*), dass die beiden entsprechenden akkadischen
Composita nicht *a-gub*, *šur-man*, sondern *égub*, *šurvén* gesprochen
wurden. —

Zu Anm. 30. *Nam-ši(b)-ba* = *išipputu* findet sich auch ASKT.
75, 1; *nam-šub* auch noch II R. 58, 39 und 52b; IV R. 5, 62c;
6, 36c; 15, 43b; 27, 53 und 62b; 30, 46b. — IV R. 21, 47a gehört
das *ba* zur Verbalform: *nam-šub ba-an-sum* (sprich *nam-šuv ban-šuv*)
= assyr. *idišu-ma šiptu*, nicht *nam-šub-ba an-sum* ist zu lesen. —
Zu *šub* = *nadú* vgl. noch ASKT. 122, Nr. 19, Z. 6 (*šub-ba-a-ta* = *na-
da-a*); IV R. 26. 47b; 30, 57a (*ê-šub-ba* = assyr. *bît na-du-u* d. h.
wie II R. 16, 60a "die feuchte Behausung"); 30, 12b (vgl. ASKT.
191 *šub-ba-na-šê* = *imkutu*). — II R. 19, 3b; IV R. 26, 44a; ASKT.
128, 69 wird *šub-bu* durch *naparšudu* "entrinnen" wiedergegeben;
II R. 39, 49c (*giš*) *šub-ba* durch *izku* (vgl. אוֹקִים Jerem. 40. 1. 4?).
wofür V R. 21, 23c *išku* (vgl. ASKT. 50, 19 und 22) geschrieben

wird. Dieses *šuba* „Fessel" bedeutet eigentlich „das Angelegte". Der Plural von *izku* (vgl. auch IV R. 58, 57b) lautet *iškâti*; siehe z. B. Assurb. Sm. 26 und 44. — ŠUM (SE, das Ideogramm für *nadânu* „geben") als phonetische Schreibung von *šub* = assyr. *nadû* findet sich auch noch IV R. 5, 62c; 21, 47a; 27, 53 und 62b; 28, 56a und in der unveröffentlichten Beschwörungsformel Sm. 1208, einem Duplicate von IV R. 27, Nr. 6. SUM = *salâḫu* „besprengen" (IV R. 16, 37b; vgl. 31, 34 und 38b; 66, 9b) wird ebenso aufzufassen sein; vielleicht auch SUM = *šakâru* „trunken werden" II R. 27, 20a. Anders steht es mit SUM = *šakû* „bewässern" (II R. 30, 16a) und *zanânu* „bespritzen, beregnen" (S^c 91): IV R. 26, 15a zeigt, dass die ursprüngliche Form dieser Wurzel *zêm* (*ṣi-àm*) war. Ebenso ist auch SUM = *sapânu* „überwältigen" (S^c 92; IV R. 21, 63a; 24, 54b) von ŠUB = *nadû* und *šumkutu* zu trennen; denn Sm. 954 Rev. 5 weist auf eine Grundform *siq* hin (vgl. SFG. 52, 3), die möglicher Weise mit *sig* (geschr. PA) „zermalmen" assyr. *maḫâṣu* und *sig* „schwach" assyr. *ênšu* verwandt ist. Wie es sich mit *su* (geschr. šup) verhält, das IV R. 24, 56a; 26, 1a durch *sapânu*, IV R. 22, 14b durch *salâḫu*, II R. 48, 22a und IV R. 13, 55b durch *zarâḳu*, II R. 48, 22g durch *arû* (vgl. ירה Hos. 6, 3) wiedergegeben wird, ist mir noch nicht ganz klar. Ich glaube kaum, dass dieses *su* die abgeschwächte Form von ŠUB mit Verklingen des auslautenden *b* repräsentirt. — Zu S^c 297 hätte ich bemerken sollen, dass dort in der ersten Columne nicht *šu-um* sondern *ta-ag* steht. Vielleicht hat der Schreiber aber nur vergessen, die andere Aussprache beizufügen.

Zu **Anm. 33.** Der Verlängerungsvocal lautet nach sumer. *zêm* (*ṣi-àm*) „geben" gewöhnlich *a*; siehe z. B. ASKT. 128, 3 (*mu-un-na-ab-ṣi-àm-ma* = *a-nam-din*, lies *vunnâbzêvâ* = *anâdin*); 129, 21 (*kas-nu-ṣi-àm-má* = *ur-ḫa ul a-nam-[din]*); R$^{\underline{M}}$ 2. II. 211 ([*za*]*-ê-ṣi-àm-má-bi* = *at-ta ta-di-ṇa*; — auf dem sumerischen Fragmente K. 5158 findet sich fünf Mal: *kur-ri ba-an-ṣi-àm* = *nak-ri ta-din* —) und vgl. dazu das akkadische *šu-su(m)-ma* = assyr. *nudûnû* „Gabe" II R. 9, 5c. Daneben findet sich aber auch wie im Akkadischen (vgl. IV R. 15, 47a; 28, 50a sowie Anm. 9) *u* als Verlängerungsvocal: dem assyr. *nâdin* „Geber" entspricht IV R. 9, 34a im Sumerischen *ṣi-àm-mu*. Das darauf folgende *a* steht hier offenbar für *mulu* „Mensch" bezw. „welcher" und erklärt somit endlich auch das dunkle A.MEŠ „Menschen" in der zweiten Zeile der Persepolis-Inschrift H. Ob mit diesem *a* das sonderbare *ana-bi* IV R. 22, 54a, das ich SFG. 49, 3 für ein Versehen des Tafelschreibers erklärte, zusammenhängt, wie Dr. BEZOLD S. 22 seiner Inauguraldissertation vermuthet, lässt sich vor der Hand noch nicht entscheiden. Das AN vor *ṣi-ám-mu* ist natürlich Schreibfehler für PA „Scepter"; ebenso ist statt des viertletzten Zeichens in dieser Zeile DU sicher IB(TUM) zu schreiben. Ich lese das Ganze: *nam-šar-éné mu-sa-a PA ṣi-ám-mu a u-šudá-šé [nam] munib-tar-éné*, assyr. *nabú šarrúti nádin ḫaṭṭi šá šimti ana úmé rúḳúti išímu* „Ernenner der Könige, Verleiher des Scepters, der das Schicksal auf ferne Tage hinaus bestimmt." — Die scharfsinnige Bemerkung OPPERT's, dass NA-RAM im Sumerischen *na-ám*, *nam* zu lesen sei, findet sich GGA. 1878, S. 1041, Nr. 124. — Sumer. *am* „Herr" haben wir auch IV R. 26, 5a sowie ASKT. 124, 4 und 18 (vgl. dazu S^c 1, 16) vor uns, endlich auch III R. 12, Slab 2, Z. 33. Letztere Stelle brachte mich zuerst auf den Gedanken, dass der neuentdeckte Dialekt das Idiom von Südbabylonien war. Ich bemerke bei dieser Gelegenheit, dass schon SAYCE, *Accadian Phonology*, p. 13 vermuthet, der Dialekt in der ersten Spalte von II R. 40, Nr. 5 sei in Sumêr gesprochen worden. SAYCE verstand aber damals unter Sumêr nicht Süd-, sondern Nordbabylonien. — PINCHES bemerkt PSBA. 1882, 115, Anm. 1, dass III R. 59, Nr. 8 *sámu* statt *siamu* zu lesen ist. —

Zu **Anm. 34 und 35** siehe auch noch LENORMANT, ESC. 35 ff., 149 ff., 198 (vgl. SFG. 10, 1; 52, 2). — Nach Dr. CARL BEZOLD (*Achämenideninschriften*, S. XI) geht assyr. *ḳaḳḳaru* „Erde, Land" auf akkad. *gagar*, unvollständige Reduplication von *gar* „Feld" zurück.

Zu **Anm. 36.** Anlautendes *g* statt *m* beim Pronomen der ersten Person haben wir auch in GIN bezw. GÊN = *anaku* „ich" S^c 284. In sumerischen Texten wie Sm. 954, Obv. 37 und 39; IV R. 19, 56 b; ASKT. 126, 14—22; 128, 5 ff.; 130, 65; 182, XIV werden wir das betreffende Zeichen wohl aber *mén* zu lesen haben. Das akkad. *mê-én* IV R. 6, 41 b; 30, 42—46 b ist nicht Pronomen, sondern das durch angehängtes *n* erweiterte Verbum substantivum; vgl. LENORMANT, ESC. 12, 1 und SFG. 30 ff. Das ASKT. 126, 16 dem DU (sprich *mén*) „ich" vorausgehende *mé* oder *mé-é* (Z. 18) dagegen ist weder Personalpronomen noch Verbalform, sondern Frageadverbium, dem in der assyr. Übersetzung das *anaku* angehängte *u* entspricht. Die richtige Erklärung dieses *u* hat zuerst HALÉVY gegeben; er hat auch zugleich die Verwandtschaft dieser Partikel mit dem äthiop. *hú* (DILLMANN, S. 298) erkannt; siehe *Journ. asiat.* 1881, Tome 17, S. 555.

Die in meinem Sintfluthcommentare (KAT²) ausgesprochene Behauptung, dass „ich" im Assyrischen *anakû* mit langem *û* geheissen habe, wird dadurch hinfällig. Eher können wir annehmen, dass die zweite Sylbe lang war: *anâku*. woraus dann mit Übergang von *â* in *ô* und Angleichung an אֲנִי (SFG. 53) im Hebräischen אָנֹכִי geworden ist. Zu dem fragenden *mê* im Sumero-Akkadischen vgl. II R. 42, Nr. 3, Obvers; IV R. 10, 21—27b; 15, 19a; 18, 12—20b; ASKT. 115, Rev. 7; 181, XII. —

Was das *mê-ên* in der zweiten Spalte der vierten Columne des Trilinguen Vocabulars anbetrifft (ASKT. 110), so glaube ich entscheiden, dass der Tafelschreiber sich dort versehen hat. Das GIN in Z. 26 und 27 sollte offenbar, wie in den beiden vorhergehenden Zeilen, in der zweiter akkadischen Spalte stehen und *mê-ên* in der ersten. Ebenso sind in der folgenden Zeile die beiden Dialekte verwechselt: *ma* gehört, wie Z. 25 und 33 der zweiten Columne (ASKT. 108/9), ebenso auch II R. 59, 27. 29 und 32 d.e deutlich zeigt, in die erste Spalte und *gá* (MAL) in die zweite. Z. 29 endlich wird statt des unverständlichen sumer. MAL-BA-ṢI-RAM = akkad. *ma-an-sum* einfach *ba-an-ṣi-ám* = *ba-an-sum* zu lesen sein. Dass MAL und MA zu Anfang beruht jedenfalls nur auf einer Gedankenlosigkeit des Schreibers. Er hatte erst zweimal *mê* und *mên* = assyr. *anâku* und *ási* — so möchte ich in der dritten Spalte ergänzen — geschrieben, setzte deshalb auch *ma* und *ga* zweimal. So erledigt sich auch am einfachsten der Prioritätsstreit über die Entdeckung der „substitution de *m* à *b*", die ich mir aus guten Gründen nie zugeschrieben habe.

Neben *maê* „ich" findet sich im Sumerischen übrigens auch *mê-ê*, z. B. ASKT. 130, 63; vgl. auch 180. VI, K. 4944: *mê-ê ún-mu-ra* = assyr. *ana ana ên:'a* „ich zu meinem Herrn". Wenn der Schreiber hier nicht etwa bloss aus Versehen das Zeichen *ku* ausgelassen hat, so müssen wir das erste *ana* als Nebenform von *anâku* „ich" auffassen, entsprechend dem äthiop. *ana*, arab. *ánâ*, syr. *ínâ*. Der Plural von diesem *mê-ê* scheint ASKT. 119, 24 vorzuliegen: *mê-ên-nê* „wir"; in der assyrischen Interlinearübersetzung entspricht *nínu* für *naḥnu*. Auf eine Form *nini* „wir" (IV R. 53, 40a) neben dem öfter vorkommenden *aníni* hat schon AMIAUD, *Journ. asiat.* 1881, Tome 18, S. 238 aufmerksam gemacht; vgl. auch PSBA. 1882/3, S. 28.

Zu **Anm. 37.** Zu *aḥu* „Seite" vgl. auch noch Dr. CARL BEZOLD's *Achämenideninschriften*, Nachträge zu S. 48. Vielleicht ist das Wort eines Stammes mit *cḥu* „Bruder".

Zu Anm. 38. Sumer. *maru* = assyr. *âti* findet sich auch noch ASKT. 178, Nr. 78, Z. 15/16.

Zu Anm. 44 vgl. noch *nam-mun-dan-bur-a* „er wird nicht gelöst" assyr. *lâ ippâšaru* IV R. 16, 9a; *nam-mun-gab* „ich schaue nicht auf" assyr. *ul anâṭal* IV R. 10, 3b; *nam-ma-ra-ab-é(n)-nê-ên* „du sollst nicht herausführen" assyr. *lâ tu-šé-iṣ-ṣa-a*; *am-nam-mu-un-gi-gi* (vgl. ASKT. 120, 15) „du sollst nicht tödten" assyr. *lâ ta-da-ak* Sm. 526. —

Was die beigegebenen **Keilschriftfragmente** anbetrifft, so muss ich mir leider in Rücksicht auf den Umfang dieser Vorrede versagen, diese überaus werthvollen Texte hier eingehender zu behandeln. Ich komme darauf in Kurzem an einem andern Orte zurück und beschränke mich an dieser Stelle, insbesondere hinsichtlich des interessanten Fünfspaltigen Vocabulars, auf einige kurze Bemerkungen.

Das auf der ersten Seite stehende unnumerirte Duplicat des **Fünfspaltigen Vocabulars** ist aus sieben Stücken zusammengesetzt und hat eine Höhe von nahezu zehn Centimetern. Die Breite des Täfelchens beträgt $7^1/_2$ ^{cm}. Die Rückseite ist vollständig abgebröckelt. Die beiden **Sintfluthfragmente** R.M 2. II. 390 und R.M 2. II. 383, welche den Anfang der Erzählung wesentlich vervollständigen, gelang es mir Anfang Mai dieses Jahres im Britischen Museum zu entdecken. Das erstere weist genau dieselbe Schrift auf wie das *Daily Telegraph Fragment* D. T. 42, das SMITH in seiner Ausgabe an das Ende der ersten Columne gestellt hat; auch der Thon ist von derselben Beschaffenheit. Trotz seiner Unscheinbarkeit ist das kleine weissgelbe Bruchstück hochwichtig, vor Allem bestätigt es die in meinem für SCHRADER's KAT^2 bearbeiteten Sintfluthcommentare ausgesprochene Behauptung, dass D. T. 42 überhaupt nicht zu einer Elften Tafel der Izdubarlegenden gehört. Bei beiden Fragmenten ist die Rückseite völlig weggebrochen. Die erhaltenen Zeilen möchte ich folgendermassen übersetzen:

„Und x Ellen das Mass seiner Breite und seiner Höhe. Lass es [aber nicht] vom Stapel in das Meer." Als ich dies vernahm, sprach ich zu Ea, meinem Herrn: „[Dein Gebot], mein Herr, das du also verkündet, ich will es erfüllen, ich will es vollführen; aber [zusammenströmen] wird die Einwohnerschaft der Stadt, das Volk und die Ältesten." Da that Ea seinen Mund auf und sprach, sagte zu mir, seinem Knechte: „Dann sollst du also zu ihnen sagen: „Ich weiss, dass Bêl mir feindlich gesinnt ist. Nicht kann ich bleiben in dieser Stadt, im Gebiete Bêl's kann ich nicht erheben mein Haupt. Doch will ich nicht hinabziehen zum Meere, sondern bei Ea, meinem Herrn, bleiben. Über euch aber werden herniederregnen lassen die Himmel eine gewaltige Wasserfluth, [Menschen], Vögel und Vieh werden [zu Grunde gehen], nur die Fische . . . . die Gemeinschaft . . . . ich(?), ich will erwarten(?) . . . . . . über euch werden die Him-

— XLII —

mel Verderben regnen". — ...... bei Tagesanbruch ...... das ganze
Land(?) ...... steuern(?) .... — —
 Assyrisch: [u ..... ammat mit]har rupussa u [muragša | ê-ma ana]
apsî šâši [sullilši | anâ]k.. idi-ma azâkara [ana Ea êni'a | amâtka(?)] êni šâ
takbâ at[ta ki'âm | lû'at]ti'id anâk[u êppuš] ugdam]milu bûl ali ummânu [u
šibûtum | ilu] Ea pâšu epuš-ma ikâbi, izzâk[ra ana ardišu âtu | u] atta
ki'âm takâb[âš]unûti | [ê]]di-ma âši Bêl i[zir]anni-ma | ul uššab ina [ali
an]nu-ma | [ina] kakkar Bêli ul ašâkâ [rê]ši'a â-ma | [ur]rad-ma ana apsî
itti [Ea ê]ni'a ašbaku | [êli] kâšunu ušazna[nku]nuši nuhšâ-ma | [amêlu]
issûru bû[lu ihâ]lik nûnê-ma | .... â ebûrâ-ma | .... ku ukki
.... [ušaznanšu]nûši šamûtu kêbâti | [Mû šêri?] ina namâri |
...... [naphar] mâ[ši-ma] ...... paz[zir?] .... | ....
a ka .... —

Meine Ergänzungen bei einigen Zeilen bleiben natürlich höchst
unsicher, besonders [ugdam]milu zu Anfang der sechsten. Statt
ašâkâ rêši'a (vgl. SFG. 50, 1) hätte ich auch *ašâkan pâni'a* lesen
können. Z. 17 des Fragments K. 3200, das SMITH der Ersten Tafel
der Izdubarlegenden zuweist, heisst es: *Ištar a-na nak-ri-šu ul i-šak-
kan kakkad-sa*. SMITH's Übersetzung von *sullilši*: „launch it" scheint
mir jetzt doch besser in den Zusammenhang zu passen als DELITZSCH's
an sich ja sehr ansprechende Erklärung „bedache es". צדק Genes. 6,
16 bleibt deswegen doch „Verdeck", vgl. dazu die ausführliche
Auseinandersetzung Mr. CHARLES TAYLOR's in Vol. III des *Journal
of Philology*, S. 299—313 und S. 327. Das assyr. *sullulu* „auf dem
Wasser schwimmen lassen" entspricht dem äthiop. *sallâla* „super-
natare". — Zur dreizehnten Zeile vgl. IV R. 56, 46 a: *anâku ana
kâšunu ullaluku[nuši-ma] attunu âši ullilâ'inni* „ich will euch reinigen,
reiniget ihr dann mich". — Dass *nuhšu* trotz der Inschrift von
Hamadân (O, 6) eigentlich „Wasserfülle" heisst, werde ich anderwärts
ausführlicher begründen. — Zu *ukkî* vgl. LOTZ, *Tiglathpileser*, S. 113
sowie IV R. 23, 8b, wo dem assyr. *u-ka-a-ka* im Akkadischen *gir-
mu-ê-ši-ib-gin* entspricht. *Gir-gin* heisst eigentlich „mit dem Fusse
gehen"; *arkâ ul ukî* Tig. I, 72 scheint demnach „ich ging nicht zurück,
wich nicht zurück" übersetzt werden zu müssen. *Šukî* IV R. 31, 18 b
in der „Höllenfahrt der Istar" hat mit diesem Stamme nichts zu
schaffen, steht vielmehr für *šukkî*, Imperativ des Šaphel von *šakû*
„hoch sein". —

Dass die Keilschrifttexte in doppelter Ausführung, autographirt
und lithographirt, beigegeben worden sind, ist durch besondere Um-
stände, die ich hier nicht auseinandersetzen will, veranlasst worden.
Das nur erlaube ich mir zu bemerken: wenn die autographirten
Seiten nicht so ausgefallen sind, wie meine *Akkadischen und Sumerischen Keilschrifttexte*, so ist das weder meines Lithographen noch

meine Schuld. Ich hatte die Tafeln mit der peinlichsten Sorgfalt autographirt; in Folge eines Missverständnisses konnte der Überdruck aber erst sechs Wochen später vorgenommen werden. Viele Zeichen kamen dann natürlich unvollkommen heraus und mussten vom Lithographen mit Mühe nachgebessert werden. Dass dabei nicht Alles ganz gleichmässig gerieth, wird Sachverständige nicht befremden.

Für den werthvollen **Anhang** *Über die Verwandtschaft des Sumerisch-Akkadischen mit den ural-altaischen Sprachen*, welchen mir Herr Prof. Dr. O. DONNER in Helsingfors mit der grössten Liebenswürdigkeit zur Verfügung gestellt hat, werden die Fachgenossen dem ausgezeichneten Sprachforscher sicherlich mit mir Dank wissen. Es war hohe Zeit, dass diese Streitfrage endlich einmal von berufener Feder behandelt wurde. AUG. AHLQVIST hatte allerdings schon im Jahre 1878 in der *Öfversigt af Finska Vetenskaps-Societetens Förhandlingar* (Heft XX, Helsingfors 1878, S. 1—23) einen Aufsatz *Är Accadiskan verkligen ett ural-altaiskt språk?* veröffentlicht und darin LENORMANT's Arbeiten vom altaistischen Standpunkte aus beleuchtet; die Abhandlung war aber natürlich in ihrem schwedischen Gewande den meisten Assyriologen unzugänglich geblieben. Was mich betrifft, so habe ich bekanntlich von vornherein entschieden behauptet, dass das Akkadische keine ural-altaische Sprache ist, und ich freue mich sehr, dass nunmehr ein so gründlicher Kenner dieser Idiome wie Prof. DONNER meiner Ansicht durchaus beistimmt.

Göttingen, den 31. October 1882.

PAUL HAUPT.

Abkürzungen.

K. bei der Anführung von Thontafeln des Britischen Museums bedeutet *Kujundschik*; ⊕ *Bowler*; **D.T.** *Daily Telegraph Collection*; **Rm** *Rassam*; **Sm.** *Smith.* — **Sm. 954** ist der in DELITZSCH's *Assyrischen Lesestücken* (Leipzig 1878, S. 73/7) veröffentlichte sumerische Hymnus an Istar, als Göttin des Venussterns; vgl. LENORMANT, *Die Magie*, S. 415—414. — S^a, S^b, S^c bezeichnet die akkadisch-assyrischen *Zeichensammlungen* nach der Ausgabe FRIEDRICH DELITZSCH's in der zweiten Ausgabe seiner *Assyrischen Lesestücke*, S. 35—69. — **I R, II R, III R, IV R, V R:** Sir HENRY RAWLINSON, *The Cuneiform Inscriptions of Western Asia*, Vol. I—V, London 1861, 66, 70, 75, 80. Die Ziffern hinter R. beziehen sich auf die Seiten und die Zeilen, die Buchstaben a, b, c etc. auf die Columnen. — **ESC:** FRANÇOIS LENORMANT, *Étude sur quelques parties des syllabaires cunéiformes*, Paris 1876. — **GGA:** *Göttingische Gelehrte Anzeigen.* — **KAT**[2]: EBERHARD SCHRADER, *Die Keilinschriften und das Alte Testament*, Zweite Auflage, Giessen 1883. — **KGF:** SCHRADER, *Keilinschriften und Geschichtsforschung*, Giessen 1878. — **SFG:** PAUL HAUPT, *Die sumerischen Familiengesetze*, Leipzig 1879. — **ASKT:** HAUPT, *Akkadische und Sumerische Keilschrifttexte*, Leipzig 1881/2, — **PSBA:** *Proceedings of the Society of Biblical Archaeology*, Vol. I—V, London 1872—83. — **TSBA:** *Transactions* derselben Gesellschaft, Vol. I—VII, London 1872—82. — **ZDMG:** *Zeitschrift der Deutschen Morgenländischen Gesellschaft.* — **Assurb. Sm:** GEORGE SMITH, *History of Assurbanipal*, London 1871. —

Die assyrisch-babylonischen Keilinschriften weisen neben dem Assyrischen auch ein nichtsemitisches Idiom auf, die Sprache der Sumerier und Akkadier, der Urbewohner Babyloniens, auf welche die mesopotamische Keilschrift und im letzten Grunde die ganze westasiatische Kultur zurückzuführen ist. Hervorragende Forscher haben dieses Volk für „*turanisch*" erklärt und eine Verwandtschaft des Sumerisch-Akkadischen mit den ural-altaïschen Sprachen behauptet. Ein Theil der Altaïsten hat sich für diese Ansicht ausgesprochen; bei anderen, unter welchen sich Fachmännner ersten Ranges befinden, sind diese Aufstellungen auf entschiedenen Widerspruch gestossen. Auch ich muss gestehen, dass die entfernten Anklänge an die ural-altaïschen Sprachen, welche das Sumerisch-Akkadische darbietet, mir eine innere Verwandtschaft zwischen diesen Idiomen nicht wahrscheinlich erscheinen lassen.[1]

Die uns erhaltenen Texte in dieser alten Sprache Babyloniens sind, wie ich zuerst in meiner Abhandlung „*Über einen Dialekt der sumerischen Sprache*" (Götting. Nachr. 1880, Nr. 17) nachgewiesen habe, in **zwei verschiedenen Dialekten** abgefasst, dem **nordbabylonischen** oder **akkadischen** und dem **südbabylonischen** oder **sumerischen**.

Letzterer trägt im Ganzen ein alterthümlicheres Gepräge. Die assyrischen Gelehrten bezeichnen den sumerischen Dialekt in ihren Vocabularien als ▶︎⫞𒀀 𒆷 émé sal, das ist assyrisch (lišânu nakbu „weibliche Sprechweise, Weibersprache". Dieser eigenthümliche Ausdruck scheint mir darin seinen Grund zu haben, dass das Sumerische in mehreren Fällen é an Stelle eines akkadischen i aufweist (z. B. sumerisch té „Taube", akkadisch tu; sumerisch šer „schreien", akkadisch šur), während das Akkadische bei einigen Wurzeln durch diesen Vocalgegensatz Femininformen differenzirt, zum Beispiel nun „Herr", nén „Herrin". A. H. SAYCE dagegen ist der Meinung, dass diese Bezeichnung des Sumerischen als „Weibersprache" nicht erst bei den assyrischen Grammatikern aufgekommen, sondern schon bei den Akkadiern üblich gewesen sei. Die Akkadier hätten ihre Weiber von dem südbabylonischen Stamme genommen und in Folge dessen den sumerischen Dialekt die Weibersprache genannt.[2]

Gewöhnlich unterscheiden sich die sumerischen Texte schon äusserlich von den akkadischen Thontafeln; fast durchweg hat nämlich in ihnen das Zeichen für die Silbe ra ⫞⫞𒀀 eine etwas abweichende Form 𒊏; in einigen Fällen auch das Ideogramm 𒆳 kur „Berg, Land, Osten", welches in gewissen sumerischen Texten als 𒆳 erscheint.[3] In der Regel sind die sumerischen Tafeln auch liniirt,[3] während dies bei akkadischen Texten nur ganz ausnahmsweise der Fall ist. Endlich zeichnen sich die Keilschriftdenkmäler, welche in dem südbabylonischen Dialekte abgefasst sind, durch häufige Anwendung phonetischer Schreibungen aus. In den akkadischen Texten werden alle Begriffswurzeln durch Ideogramme wiedergegeben und nur die pronominalen Elemente phonetisch geschrieben. Auf diese Weise liessen sich aber die lautlichen Abweichungen der beiden Dialekte nicht veranschaulichen, wenn der Sumerier auch zum Beispiel ▶︎⫞𒀀, das Ideogramm für „Dolch", mér oder vér[4], der Akkadier dagegen gér las. In Folge dessen waren die assyrischen Gelehrten[5], wenn sie die abweichenden Formen des sumerischen Dialektes in der Schrift zum Ausdruck bringen wollten, genöthigt, auch für die Begriffswurzeln theilweise phonetische Schreibung anzuwenden.[6]

Im Ganzen entfernen sich die beiden Mundarten in lautlicher Beziehung nur sehr wenig von einander; nur in einer beschränkten Anzahl von Wurzeln lassen sich Lautübergänge, welche zum Theil allerdings sehr auffallend sind, beobachten. Am häufigsten tritt uns der Übergang eines anlautenden sumerischen m in akkadisches g entgegen: sumer. *mal* „sein, existiren" erscheint im Akkadischen als *gal*, *marza* „Gebot" als *garza*, *mér* „Fuss" als *gér*. M ging wohl zunächst in v über und aus *val*, *vér* entwickelten sich dann durch die Mittelstufen *gval, *gvér die akkadischen Formen *gal*, *gér*. In einigen Fällen weist das Sumerische an Stelle eines akkadischen g ein b auf; zum Beispiel lauten *šaga* „Herz", *aga* „Hintertheil" und *duga* „Knie" im Sumerischen *šaba*, *aba*, *zeba*. Da dieses sumerische b gegenüber akkadischem g sich nur im In- und Auslaute zeigt, der Übergang von sumer. m beziehungsweise v in akkad. g dagegen nur im Anlaute, so liegt die Annahme nahe, dass ⟶ b zwischen oder nach Vocalen wie v gesprochen wurde, also denselben Laut repräsentirt, wie das ⟶ m (v) im Anlaute.[7]

Bisweilen entspricht einem g im Akkadischen ein sumerisches d; *agar* „Feld" zum Beispiel, das in der Form *ugaru* auch in das Assyrische übergegangen ist, lautet im Sumerischen *adar*, ebenso *gim* „machen" *dim* und *gub* „niederlegen" *dub*. Auch scheint ⟨⟩ das Ideogramm für „Auge, Antlitz" im Akkadischen *igé* und im Sumerischen *idé* (⟨⟩ ⟨⟩) gelesen worden zu sein. In einem Falle zeigt sich Übergang von $š$ in z (sumerisch *ši* „Leben" erscheint im Akkadischen als *zi*); in vier Fällen der auffallende Übergang von $š$ in n: zum Beispiel sumerisch *šér* „König", das in das Assyrische als *šerru, šarru* übergegangen ist, im Akkadischen aber *nêr* lautet.[8] Sumerisch *z* erscheint in einigen wenigen Beispielen im Akkadischen als *s*, in einem Falle als *d*: zum Beispiel sumerisch 𒆜𒅁 𒅗𒂵𒅁 *ziam* oder *zim* „geben", akkadisch *sum*[9]; sumerisch *mézir*, akkadisch *musir*; sumerisch *zéba* „gut", akkad. *duga*. Sumerisch *l* endlich geht zum Theil im Akkadischen in *n* über: z. B. *šudul* „Joch", akkadisch *šudun*; *tila* „leben", woneben dann in akkadischen Texten auch die jüngere Form *tin* auftaucht. In dem hebräischen חִדֶּקֶל haben wir demnach, im Gegensatze zu *Idigna*, dem akkadischen Namen des Tigris, die südbabylonische Form vor uns.[10]

Was sodann die Vocale anbetrifft, so zeigt das Akkadische, wie schon oben bemerkt wurde, in mehreren Fällen *u* an Stelle eines sumerischen *ê*: z. B. sumer. *šer* „schreien", akkad. *šur*; sumer. *tê* „Taube", akkad. *tu*. Bisweilen hat das Sumerische auch *a* an Stelle eines akkadischen *u*[11]: die Pronomina suffixa der ersten und zweiten Person (akkad. *mu, zu*) zum Beispiel lauten im Sumerischen noch *ma, za*; der älteste Name Ninive's ferner war nicht *Ninua* sondern *Ninaa*; ebenso finden sich neben *mu* „nennen", *zu* „wissen" auch noch die ursprünglicheren Formen *ma* und *za*.[11]

Dies wären in Kurzem die wichtigsten Unterschiede der beiden Dialekte.[12] In dem Folgenden berücksichtige ich nun in erster Linie die Hauptmundart, das Akkadische, und beschränke mich darauf, gelegentlich auf die Abweichungen des Sumerischen aufmerksam zu machen.

Das Akkadische besitzt ein regelmässig entwickeltes Lautsystem. Consonanten und Vocale stehen in ebenmässiger Vertheilung neben einander, wodurch ein seltener Wohlklang erzielt wird. Der allgemeinen Form nach ist die Sprache *agglutinirend*, und zwar kommen dabei sowohl Suffixe als auch Präfixe zur Anwendung. Die Verbindung der pronominalen Elemente mit der Wurzel bleibt stets eine ganz lose. Pronominale Verbalobjecte zum Beispiel werden den Verbalformen *einverleibt*, zwischen Personzeichen und Wurzel gestellt; „er giebt" heisst *in-sumû*, „er giebt es" *in-nan-sumû*. Wenn ferner ein Substantivum mit Pronominalsuffix durch ein Attribut näher bestimmt wird, so tritt das Suffix an das Adjectivum: „Preis" heisst *šam*, „sein Preis" *šambi*, „sein voller Preis" aber nicht *šambi tila*, sondern *šam tilâbi*.[13] Auch die Casussuffixe und das Pluralsuffix *ênê* werden bei einem Substantivum mit folgendem Adjectivum nur dem letzterem angehängt: „Herz, Mitte" heisst *šaga*, „in der Mitte" *šagâtu*, „in der Mitte des Himmels" aber nicht *šagâ-ta ana* sondern *šaga-anâ-ta* und „in der Mitte des strahlenden Himmels" *šaga-ana-azagâ-ta*. Ebenso heisst „die grossen Götter" nicht *dingirênê galgal*, sondern *dingir galgalênê*.[16]

Subject und Object stehen stets vor dem Verbum, haben aber keinen besonderen lautlichen Ausdruck. In der Regel wird jedoch das vorausgehende Object durch ein der Verbalform einverleibtes Pronomen wieder aufgenommen. Man sagt also: „Gott grosser Diener frommer sein er *ihn* retten". Wenn auf dem Objecte ein besonderer Nachdruck liegt und der Sinn des Satzes unmissverständlich ist, kann das Object auch vor das Subject treten. Man würde also sagen: „Gottlose + Gesammtheit + ihrer + er + sie + vernichtete + Diener + frommer + seiner + Vernichtung + aller + bei + Gott + grosser + er + ihn + retten."[17]

Was den **Lautbestand des Akkadischen** anbetrifft, so werden in der Schrift vier Vocale *a, i, u* und *ê* sowie vierzehn

Consonanten

k	g		g̒ ḳ
	š		
t	d	s z r l n
p	b	c(m)	

unterschieden. Dass neben *a, i. u* auch die entsprechenden Längen vorhanden waren, ist wahrscheinlich, doch lässt sich nur *á* und allenfalls *ú*[20] mit Sicherheit nachweisen. Diphthonge besitzt das Akkadische nicht. Unter den Consonanten ist 𒄑 *gʽ* ein gutturaler tönender Spirant, entsprechend dem arabischen غ oder unserm *g* in „bei Tage". Die Akkadier suchten das semitische *ḥ* (arab. ح) durch diesen Laut wiederzugeben.[18] Der Labial 𒁉, welchen ich als *v* ansetze, dient zum Ausdrucke des semitischen מ, das im Assyrischen allerdings in späterer Zeit in בּ überging.[4] Da der Laut auch im Akkadischen ursprünglich entschieden ein *m* war, so schreibe und spreche ich auch gewöhnlich *m* statt *v*.

Die **An- und Auslautsgesetze** sind im Akkadischen sehr frei. Im Anlaute können sämmtliche Vocale und Consonanten vorkommen, nur *r* ist hier, wie in vielen Sprachen, ausserordentlich selten;[19] ich kenne nur ein Beispiel für anlautendes *r*: *ra* „überschwemmen, fliessen, gehen", dann als Postposition „nach, gegen, zu, für". Im Auslaute ist nur *k*, *t*, *p* und *s* nicht gestattet.[19] Daher kommt es, dass bei der Wiedergabe des Assyrischen durch die akkadische Keilschrift semitisches ג, ק, ד; ד, ט, ת; ב, ף; ז, צ, ס, sobald diese Laute im Silbenausgange stehen, nicht unterschieden werden können; *k*, *t*, *p* und *s* gingen im Akkadischen, sobald sie in den Auslaut zu stehen kamen, in die entsprechenden tönenden Laute über und *g*, *d*, *z* wurden andererseits auch zur Wiedergabe der *emphatischen* semitischen Laute ק, ט, צ verwandt.[18] Consonantenverbindungen sind im Akkadischen wie im Semitischen unerhört.

Veränderungen der Laute bei ihrem Zusammentreffen untereinander lassen sich bei der vorwiegend ideographischen Schreibweise der akkadischen Texte nur in sehr beschränktem Umfange nachweisen. *É* fliesst mit einem vorausgehenden *u* häufig in *ú* zusammen; z. B. *nambatutúné* „sie sollen nicht eintreten" statt *namba-tutu-éné*, *nambagubúné* „sie sollen sich nicht niederlassen" für *namba-gubu-é-né*, *innansumúné* „sie geben ihm" für *in-nan-sumu-éné*, *in-zuš* „sie lernten" statt *in-zu-éš*.[20] *A* erscheint in einem Falle unter dem Einfluss eines folgenden *l* zu *u* verdumpft; neben dem Ideogramme 𒅅𒆷 *gala* „gross" kommt auch die phonetisch geschriebene Form 𒆪𒆷 𒄖𒆷 *gula* vor. Unter der Einwirkung eines *i* in der folgenden Silbe geht *a* in *ê* über[21]: das Compositum *anigin* „Wasserbehälter" wurde z. B., wie die beigefügte Glosse auf einer grammatischen Tafel (II R. 29, 20a) ausdrücklich angiebt, *énigin* gesprochen; ebenso sagte man statt *agimê* „wie Wasser" *égimê*.[22] Demgemäss erscheint auch das nominale Ableitungspräfix *a* vor *i* enthaltenden Wurzeln häufig als *é*: z. B. *énim* „Himmel" von *nim* „hoch sein" und *étil* „Herrscher" von *til* „voll, ganz, gewaltig sein" gegenüber *ara* „Weg" von *ra* „gehen", *ana* „Himmel" und *anu* „Ähre" von *na* bezw. *nu* „hoch sein".[23] Überhaupt lässt sich bis zu einem gewissen Grade eine Art **Vocalharmonie** nachweisen und zwar nicht bloss bei den Zusammensetzungen zweier Wurzelelemente concreter Bedeutung, sondern auch in den formbildenden Bestandtheilen der Sprache. Der in einem angehängten *a* oder *ê* bestehende sogenannte Verlängerungsvocal[24] z. B. erscheint nach *u* enthaltenden Wurzeln häufig als *u*, ebenso nach *é* und *i* enthaltenden als *i*. Wir finden neben *suma* „geben", *nina* „Astarte", *éna* „Herr" auch die Schreibungen *sumu, nini, éni*; ebenso neben *gura* „sein", *kura* „ändern" *guru, kuru* und andere. Ferner stehen hinter dem Personzeichen *mi* niemals *nan* und *nab* als einverleibte Verbalobjecte, sondern stets nur die Formen *nin* oder *nib*[25]; hinter den Precativpräfixen *g‘a* und *g‘u* kommt dagegen niemals das Personzeichen *mi* vor, sondern stets nur *ma* beziehungsweise *mu*.[25] Die vier Formen des Pronominalsuffixes der 3. pers. singul. *na, ni, ba, bi* dagegen wechseln, soweit ich bis jetzt sehe, unterschiedslos mit einander.

Von **Veränderungen der Consonanten** lässt sich — abgesehen von dem oben erwähnten Übergange von *b* und *g* zwischen Vocalen in die entsprechenden Spiranten *v* und *g‘*[7] — nur progressive und retrograde Assimilation eines *n* an ein benachbartes *m* beobachten. Das Compositum *kimmu* „Botschaft" zum Beispiel ist aus *kin-mu* „Sendungswort" entstanden und *dimmêr*, die alte sumerische Form des akkadischen *dingêr* „Gott", aus *dinmêr*, was eigentlich „gerichtsmächtig, allmächtiger Richter" bedeutet. Vorausgehendem *m* assimilirt sich das *n*, wenn vor eine der vier Formen des einverleibten Verbalobjectes *nan, nin, nib, nab* das Personzeichen *in* tritt; *im-nin, im-nan* etc. erscheint stets als *immin, imman*; z. B. *uku immangigênê* „das Volk, sie schlagen es mit Krankheit", IV R. 19,9a; *ši-imman-si* „er sah ihn", eigentlich „Auge er auf ihn warf".

Endlich will ich hier noch erwähnen, dass auslautende Wurzelconsonanten häufig abfallen und sich nur vor einem darauffolgenden Suffixum erhalten: *šaga* „Herz", *pada* „nennen", *uda* „Tag", *tura* „eintreten" z. B. lauten ohne Verlängerungsvocal *ša, pa, u, tu* statt *šag, pad, ud, tur*.[26]

Die **Wurzeln** des Akkadischen bestehen entweder aus einem Vocal, genauer Spiritus lenis und folgendem Vocal, wie *a* „Wasser", *i* „erhaben", *u* „Speise", *ê* „Haus"; oder aus Vocal mit folgendem Consonanten wie *ag* „messen", *ib* „zornig sein", *ub* „Himmelsgegend", *ên* „herausgehen"; oder Consonant mit folgendem Vocal, wie *ra* „überschwemmen", *si* „Horn", *zu* „wissen", *mê* „rufen"; oder einem Vocal zwischen zwei Consonanten wie *tar* „bestimmen", *gin* „senden", *kud* „richten", *nêr* „herrschen".[19] Bei dieser letzteren Form werden im Anlaute tonlose und tönende Explosivlaute nicht scharf auseinandergehalten: *ban* „Bogen" wird auch *pan*, *bil* „Feuer" auch *pil*, *gin* „Sendung" auch *kin*, *dab* „packen" auch *tab*, *dug* „rufen" auch *tug* geschrieben.[27] Die mehrsilbigen Formen wie *saǵar* „Staub", *guruš* „Gemahl", *sigišše* „Opfer" beruhen wohl durchweg auf Zusammensetzung. Ursprünglich war die Wurzel jedenfalls ein einsilbiger Lautcomplex, welcher zugleich die nominale und die verbale Bedeutung in sich vereinigte. So bedeutet z. B. *zu* noch „wissen" und Weisheit", *ir* „weinen" und „Thräne", *gin* sowohl „biegsam sein, biegen, wenden, schicken" als „Rohr" oder auch „Sendung, Geschäft", *azag* sowohl „hell sein, glänzen" als auch „Silber"[28], *nêr* (oder im Sumerischen *šêr*) sowohl „herrschen" als auch „König". Die meisten Wurzeln werden jedoch von vornherein nur in einer Richtung verwandt: z. B. *ka* „Mund", *am* „wilder Ochs", *ḫu* „Vogel", *ḫa* „Fisch", *gud* „Stier", *ki* „Erde"; dagegen *lal* „aufhängen, wiegen, zahlen", *aka* (sumer. *am*) „lieben", *pa(d)* „verkünden", *tum* „fortführen."[19] Ausserdem ist die Sprache auch bestrebt, durch verschiedene Stellung der personbezeichnenden pronominalen Elemente und wortbildende Präfixe und Suffixe eine weitere Unterscheidung zwischen Nomen und Verbum herbeizuführen. Ursprünglich wurden die pronominalen Elemente beim Verbum wie beim Nomen durchweg suffigirt; *dugâ-ba* bedeutete sowohl „seine Rede" oder auch „diese Rede" als „er redete, er sprach". Diese postpositive Conjugation[29] findet sich aber nur noch in den von den assyrischen Gelehrten zusammengestellten Paradigmen des akkadischen Verbums und einigen Hymnen, welche in dem alterthümlichen sumerischen Dialekte abgefasst sind; in den akkadischen Texten dagegen weisen die Verbalformen durchweg Präfigirung der Personalelemente auf. Man sagt also wohl *dugâ-ba* für „seine Rede" und „diese Rede"; „er sprach" heisst im Akkadischen aber *ba-duga*. Dass diese Umwandlung der ursprünglichen postpositiven Conjugation in die präpositive sich unter dem Einflusse des semitischen Assyrischen vollzogen habe, wie ein englischer Fachgenosse vermuthet hat, möchte ich nicht zu behaupten wagen.

Die verschiedene Stellung der Pronominalelemente ist der am meisten hervortretende Unterschied zwischen Nomen und Verbum. Zu der Differenzirung durch bestimmte Wortbildungselemente sind nur schwache Ansätze vorhanden.

Von **nominalbildenden Suffixen** lässt sich nur eins mit Sicherheit nachweisen, nämlich *gal*, das aus *mal* (*val*) entstanden und als

Verbalwurzel „sein, existiren" bedeutet; z. B. *ǵulgal* „feindlich" von *ǵul* „anfeinden", *nêrgal* „Herrscher" (sumer. *šêrmal*) von *nér* (sumer. *šêr*) „herrschen", *ziga!* (sumer. *šimal*) „Geschöpf" von *zi* (sumer. *ši*) „sein, leben, Seele", *agal* (sumer. *amal*) „mächtig, gewaltig" von 𒀀 *a* „Seite, Arm" und endlich *dagal* (sumer. *damal*) „weit". Mehr Beispiele sind mir nicht bekannt.

Als **nominale Ableitungspräfixe** erscheinen zunächst die vier Vocale *a*, *i*, *u* und *é*: z. B. *išib* „Besprengung, Beschwörung"[30] von *šib* oder *šub* „besprengen, beschwören", *ara* „Weg" von *ra* „gehen", sumer. *ašéra* (akkad. *onéra*) „Klage" von *šér* „klagen, schreien", *agar* „Feld" von *gar* „das Feld bebauen", *unu* „Wohnsitz" von *nu* „sich lagern", *émê* „Sprache" von *mé* „sprechen".[31] Diese Fälle, in welchen also, wie in den hinterindischen und westafrikanischen Sprachen, von der Wurzel aus durch vocalischen Zuwachs im Anlaute Nomina gebildet werden, sind aber ziemlich vereinzelt; ich kenne kaum zehn Beispiele. Vielleicht liegt diese Bildung indess auch in Wörtern wie *alam* „Bild", *ibil* „Sohn", *utul* „Herrscher" und anderen vor; nur sind die zu Grunde liegenden Wurzeln (*lam*, *bil*, *tul*) bis jetzt noch nicht nachgewiesen.[32]

Ziemlich häufig ist **das Präfix** 𒎏 *nin*, das eigentlich „alles was, allerlei" bedeutet. In der südbabylonischen Mundart ist dafür das Präfix 𒀀𒀭 *am*[33] gebräuchlich. *Nin* und *am* können auch zugleich mit dem Ableitungssuffixe *gal* (oder sumer. *mal*) an die Wurzel treten. Beispiele sind: *nin-érim* „feindlich", *nin-gal* (sumer. *am-mal*) „Habe" von *gal* „sein", *nin-dagal* „weit" (IV R. 3, 57*b*), *nin-aga* „gewaltig", *nin-un* „erhaben".

Präfigirtes *ki* „Ort" bildet nomina loci, z. B. *kinu* „Lager" von *nu* „sich lagern", *kigub* (sumer. *kidub*) „Ruheplatz" von *gub* (sumer. *dub*) „sich niederlegen".

Am gewöhnlichsten ist **das Präfix** *nam*, das eigentlich „Schicksal" bedeutet. Dasselbe bildet von Substantiv-, Adjectiv- und Verbalausdrücken Substantivstämme mit abstracter Bedeutung, z. B. *nam-ad* „Vaterschaft" von *ad* „Vater", *nam-ag* „Macht" von *ag* „mächtig", *nam-šib* „Beschwörung" von *šib* „besprengen, beschwören".

Die **verbalen Ableitungselemente** sind *da, ta, ra* [und *ku*] Neben *da, ta* und *ra* finden sich, besonders vor einem folgenden *g*, auch die durch angehängtes *n* erweiterten Formen *dan, tan, ran*. Auch *dab* und *rab* kommen vor. *Da* kann sowohl präfigirt als auch suffigirt werden und bildet Reflexivstämme: z. B. *da-gubu* oder *gubu-da* „sich niederlegen", *da-kuru* oder *kuru-da* „sich ändern", *da-na* „sich lagern". Die übrigen werden der Wurzel stets vorgesetzt und scheinen im Allgemeinen Causativstämme zu bilden. Die genaue Bestimmung der Bedeutung dieser Bildungselemente ist jedoch ausserordentlich schwierig, da die uns gegenwärtig vorliegenden Sprachdenkmäler nur wenig umfangreich sind, ausserdem aber die Forschung hier besonders dadurch erschwert wird, dass jede Wurzel ohne irgend welchen lautlichen Zuwachs intransitiv, reflexiv, passiv, transitiv, intensiv und causativ gebraucht werden kann. Die Personzeichen treten zwischen *šu* und die Wurzel, aber vor *da, ta* und *ra*: z. B. *šu-ban-ti* „er nahm", aber *ba-da-na* „er lagert sich", *ba-da-gub* „er liess sich nieder", *mu-ta-ê* „er kam hervor", *ib-ta(n)-ê* „er führte heraus", *ĝên-ta-ê* oder *ĝa-ba-ra-ê* „er gehe heraus". *Da* und *ta* bedeuten als Substantiva „Seite" und *šu* „Hand, Arm", *ra* dagegen als Verbalwurzel „gehen". Daher erscheint das Präfix *ra* auch fast ausschliesslich bei Verben der Bewegung: z. B· *ĝa-ba-ra-ê* „er gehe heraus", *ĝa-ba-ran-gaga* „er möge wenden", *ĝa-ba-ran-guba* „er möge sich niederlassen".

Neben diesem äusseren, durch Agglutination pronominaler Elemente bewerkstelligten, Zuwachs kommt auch die **Reduplication** als Stammbildungsmittel vor. Dieselbe besteht in der Doppelsetzung der Wurzel[35] und bildet beim Verbum Frequentativa und Intensiva, beim Adjectivum Intensiv- und Superlativformen, beim Substantivum dagegen Collectiv- oder Pluralformen: z. B. *gur* „sich bewegen", *gurgur* „in heftiger Bewegung sein", *gal* „gross", *galgal* „sehr gross", aber *kur* „Berg", *kurkura* „Berge".

Ich gehe nun über zu den Formen des **selbständigen Personalpronomens**. Bis jetzt ist *maé*[36] „ich", *zaé* „du", *éné* „er" und im Plural *énénéné* „sie" sicher zu belegen.[37] Die **Possessivsuffixe** weichen von diesen Formen nur unbedeutend ab: „mein Vater" heisst *adâmu*; „dein Vater" *adâzu*; „sein Vater" *adâ-na* oder *adâ-ni* (selten ⫤𒂊𒅇 ⫤𒂊𒅇𒅇 ⫤𒀭𒅇 *adá-né*), auch *adá-ba* und *adá-bi*; „unser Vater" *adá-mé* oder *adamêr.*; „euer Vater" *adázunéné* oder *adâzuénéné*, sumer. auch *adazaéné*[37]; „ihr Vater" *adánéné* oder *adábinéné* und *adábiénéné*. Statt *adâmu*, *adâzu* findet sich in den sumerischen Texten auch noch *adáma*, *adáza*; ebenso mit Postpositionen *mara*[38] „zu mir", *mada*[38] „mit mir", *zada*[38] „mit dir". *Ma* und *za*, woraus im Akkadischen *mu*, *zu* wurde, unterscheiden sich, wie man sieht, von *maé* „ich" und *zaé* „du" nur durch das Fehlen des hervorhebenden Pronominalelementes *é*. *Adazunéné* „euer Vater" oder *adazuénéné* ist eigentlich „Vater von dir und ihnen", ebenso *adabinéné* „ihr Vater" eigentlich „Vater von ihm und ihnen". In *adâmé* „unser Vater" gegenüber *adâmu* „mein Vater" ist die Unterscheidung der Numeri durch Vocalveränderung bewirkt worden.

Andere Pronomina sind *né* „dieser; *ba*, *bi* „jener", *aba* „wer", *ana* oder *ta* „was", *méa* „wo", *namé* „irgend einer", *nin*, *nin-nam* oder auch *nin-ana* „alles was". Als Relativpronomen dient *mulu* „Mensch".

Das **Nomen** trägt keine Bestimmung des Genus, Numerus und Casus an sich. Dieselbe Form kann sowohl als Singular wie als Plural, als Subjects- und als Objectscasus gebraucht werden. In einigen wenigen Fällen wird das grammatische Geschlecht durch

Beifügung von *sal* „Weib" näher bestimmt: z. B. *tur* „Kind", *tursal* „Tochter", eigentlich „Kindweib".[39] Der **Plural** wird entweder gar nicht bezeichnet, wie in *dingir-ana* „die Götter des Himmels", oder durch Doppelsetzung ausgedrückt: z. B. *madamada* „Länder", *kurkura* „Berge", *titi* „Seiten", *sisi* „Hörner", *ubub* „Gegenden", *dada* „Seiten". Ausserdem fungirt als Pluralexponent das Suffix *éné*: z. B. *dingiréné* „Götter", *utukéné* „Dämonen", *dingirnungaléné* „die hocherhabenen Geister" (Igigi), *dingiranunákiténé* „die Geister des grossen Wassers". Dieses *éné* scheint aus *néné*, dem suffigirten, oder *énénéné*, dem selbständigen pronom. der 3. pers. plur., verkürzt zu sein, so dass *dingiréné* eigentlich „deus + ei" wäre. In derselben Weise wird ja in der Maforsprache auf Neu-Guinea der Plural gebildet, z. B. *snun-si* (eigentlich „vir + ei") „Männer". Das Pluralsuffix *éné* findet sich übrigens, was man bisher nicht beachtet hat, nur bei Götter- und Dämonennamen. Ein D u a l ist dem Akkadischen unbekannt.

Was die **Casusverhältnisse** anbetrifft, so hat der Nominativ und der Accusativ, wie schon oben bemerkt wurde, keinen besonderen lautlichen Ausdruck. Auch der Genitiv kann einfach dadurch ausgedrückt werden, dass man den Ausdruck der res possessa vor den des Besitzers stellt: z. B. *é-lugala* „(das) Haus (des) König(s), *é-adána* „(das) Haus sein(es) Vater(s)". In der Regel wird jedoch das **Genetivverhältniss** durch angehängtes *kid* oder *ta* näher bezeichnet, also *é-lugalá-kid* oder *é-lugalá-ta*. Beide Postpositionen sind eigentlich Locativpartikeln. *Kid* ist verkürzt aus *kita* „am Orte, bei" und *ta* bedeutet ursprünglich „Seite", dann „neben, mit, bei, in, aus, von". *Nérgal-dingiréné-kid* (sumer. *šermal-dimméréné-kid*) ist also eigentlich nicht „König der Götter", sondern „König bei den Göttern". In alter Zeit, als man das Akkadische schriftlich zu fixiren begann, scheint übrigens beim Genetivverhältniss gerade die umgekehrte Stellung üblich gewesen zu sein. Das Ideogramm für

"Ocean" assyr. *apsû* ('Απασῶν bei Damascius), der Sitz des "Herrn der unerforschlichen Weisheit", des Gottes *Êa*, setzt sich z. B. zusammen aus den Zeichen ▶☰𝌀 *zu* "Weisheit" und ☰☰𝌀 *ab* "Haus". Die von den assyrischen Gelehrten zusammengestellten Zeichensammlungen geben aber ausdrücklich an, dass man die beiden Zeichen nicht in der Reihenfolge, wie sie geschrieben wurden, las, vielmehr statt *zuab* "Weisheit(s)haus", *abzu* "Haus (der) Weisheit" sagte. Bei einigen häufig vorkommenden Verbindungen wie *saggig* "Raserei" (eigentlich "Kopfkrankheit"), *anšaga* "Himmelsmitte", *anura* "Himmelsgrund", welche man als Composita betrachten kann, hat sich diese Stellung auch in der uns vorliegenden Gestalt der Sprache noch unverändert erhalten.

Der **Dativ** wird durch die Postposition *ra*, welche als Verbalwurzel "gehen", dann "Gegend, Richtung" bedeutet, ausgedrückt: z. B. *lugalára* "dem Könige", *lugalánira* "seinem Könige". Nach dem Suffixe der dritten Person *ni* kann das auslautende *a* von *ra* auch abfallen; man findet neben *lugalánira* auch *lugalánir*, ebenso *ánir* "seinem Vater", *ninánir* "seiner Herrin" statt *áni-ra*, *ninâni-ra*. Endlich kommt neben *ra*, besonders vor Verbalformen mit dem Personzeichen *mi*, auch *ru* in derselben Bedeutung vor.[40]

Andere **Postpositionen** zur Andeutung bestimmter Casusverhältnisse sind *šu* (dialektisch *šé*[41]) "zu, für, auf"; *da* "mit", eigentlich "Seite"; *a* "bei, in", was ebenfalls ursprünglich "Seite" bedeutet; *ka* "in", eigentlich "Mund"; ▶◁☰𝌀 *né* oder ▶◁𝌀 *na* "zu, auf"; ⫷⫷ *éš* mit derselben Bedeutung; ⊐ *bi* "zu, auf, hinzu, sammt, und"; endlich *gim* (sumer. *dim*) oder mit Verlängerungsvocal *gimé*, "gleichwie", eigentlich "Gebilde, Erscheinung". Neben diesen suffigirten Partikeln besitzt das Akkadische aber auch **Präpositionen**, welche sämmtlich ebenfalls ursprünglich Substantiva sind: z. B. *én(a)* "bis", eigentlich "Ausgang"; *muǵ* "auf, über", eigentlich

„Obertheil"; *mu* „zu, über, in Betreff", eigentlich „Name"; *ki* „mit", eigentlich „Ort"; *ša(ga)* „in", eigentlich „Herz"; *égir* „nach, unter", eigentlich „Hintertheil": *igê* „vor", eigentlich „Auge, Antlitz"; *tê* „bei", eigentlich „Nähe".

Das Adjectivum steht, wie schon oben bemerkt wurde, regelmässig hinter dem Substantivum, zu welchem es gehört. Auch dies scheint aber erst in verhältnissmässig später Zeit aufgekommen zu sein. Das Ideogramm für „König" z. B. besteht nämlich, wie die älteste Form des betreffenden Zeichens deutlich erkennen lässt, aus den beiden Zeichen ⊧⊦— *gal* „gross" und ⊧⊧⊧ *lu* „Mann". Die Zeichensammlungen geben aber als akkadische Aussprache nicht *gal-lu*, mit vorgesetztem Adjectivum, sondern vielmehr *lugal* an; ebenso wird auch *ušum-gal* „Herrscher" (Sm. 954, Rev. 3) ⊧⊦— ⊧⊧⊧ *gal-ušu(m)* „geschrieben".

Der Bau des akkadischen Verbums beruht auf einer Zusammenrückung des Stammes mit den vorgesetzten Personzeichen. Diese präpositive Conjugation ist aber, wie schon bemerkt wurde, erst später durchgedrungen; ursprünglich war das Verbum ein durch Possessivsuffixe determinirter Nominalausdruck. Man sagte also *dugâ-mu, dugâ-zu* sowohl für „meine Rede, deine Rede" als für „ich redete, du redetest"; ebenso bedeutete *dugâ-ba, dugâ-bi* oder *dugâ-na, dugâ-ni* zugleich „seine Rede" als „er redete".[29] Für das letztere wurde aber später die Stellung *ba-dug, bi-dug, na-dug, ni-dug* üblich. Neben diesen vier Formen kommen noch eine Reihe anderer Präformative als Zeichen der dritten Person vor, nämlich ausser *na* und *ni* auch *nê* und dann von einem *M*-stamm, welcher jedenfalls aus dem *B*-stamm *ba, bi* hervorgegangen ist, die Formen *ma, mi, mu, mê*. Dies wären schon neun Formen. Dazu kommen durch Umstellung noch acht weitere *an, in, un; ab, ib, ub; im, um*, welche dann theils verstärkt, theils, wie die verbalen Stammbildungselemente *da, ta, ra,* durch angehängtes *n* oder *b* erweitert werden: neben *nê* findet sich auch *nén* und *néb*; neben *ba* auch *ban* und *bab*; neben *mi* und *mu* auch *min* und *mun* oder *muna*. Dieses *mun(a)* erscheint dann auch in der verstärkten Form *munna*, ebenso *ab* als *abba* und *im* und *um* als *imma* und *umma*. Endlich findet sich auch *al*, besonders vor einem folgenden *g*, als Zeichen der dritten Person. Demnach hätten wir dafür im Ganzen gegen dreissig verschiedene Formen. Unter welchen Bedingungen nun die eine oder die andere eintritt, wird sich erst dann bestimmen lassen, wenn uns ein umfangreicheres Textmaterial zu Gebote steht. Jetzt scheinen alle diese Formen ziemlich gleichbedeutend gebraucht zu werden. Ich bin aber überzeugt, dass das eben nur scheinbar ist. Mit der Zeit werden uns die Gründe dieser Verschiedenheiten schon offenbar werden. Am gebräuchlichsten sind die Formen *in* und *ba*.

Wenn das Verbalobject durch ein Pronomen ausgedrückt wird, so tritt dasselbe zwischen Personzeichen und Wurzel: z. B. *in-si* „er gab", *in-nin-si* „er gab ihm". Neben *nin* finden sich als Formen des incorporirten Verbalrégimes auch *nan, nab, nib* und *šin*: z. B. *ba-tu* „er trat ein", *êa ba-šin-tu* „er betrat das Haus", eigentlich „Haus er es betrat", *in-gar* „er machte", *in-nan-gar* „er machte ihn", *in-nab-gigi* „er antwortet ihm". Die entsprechende Pluralform ist *nêšin*: z. B. *mun-nêšin-ǵalǵala* „er theilte ihnen zu" IV R. 5, 61a. Das einverleibte Pronomen der zweiten Person ist *rab*: z. B. *ǵumusumu* „er möge geben", *ǵumurabsumu* „er möge dir geben". Das der ersten scheint *mun* oder *šib* zu sein: z. B. *im-mun-gama im-mun-tila* „er hat mich gebeugt, er hat mich vernichtet" IV R. 21, 13b; vgl. II R. 48, 33g. Wahrscheinlich liegen in dem *n* und *b*, das, wie wir sahen, bisweilen den Personzeichen angehängt wird, vielfach nur verkürzte Formen des einverleibten Verbalobjectes vor; *min-si* ist z. B. gleichbedeutend mit *mi-nin-si* „er ihm gab".

Wie das Semitische und andere Sprachen unterscheidet das

Akkadische zwei **Tempora,** eine Durativ- und eine Aoristform, gewöhnlich **Präsens** und **Imperfectum** genannt. Der Verbalstamm an sich hat die Bedeutung des Imperfectums; der Charakter des Präsens wird ihm entweder durch Reduplication der Wurzel oder durch Anhängung von *é* gegeben: z. B. *in-sar* „er schrieb", *in-sarsar* oder *in-sar-é* „er schreibt"; *in-lal* „er zahlte", *in-lal-é* „er zahlt". In der alten postpositiven Conjugation tritt diese Präsenspartikel hinter das personbezeichnende Suffix: „er schrieb" heisst da *sara-ba* oder *sara-nén* etc. etc., „er schreibt" *sara-nén-é*. Dieses *é* ist wohl dasselbe hervorhebende Pronominalelement, das wir schon bei den Formen des selbständigen Personalpronomens (*maé* „ich", *zaé* „du" gegenüber *adáma, adáza* „mein Vater, dein Vater") und als Nebenform des sogenannten Verlängerungsvocals (z. B. *gal-é* „gross", *én-é* „Herr", *lugal-é* „König" neben *gala, éna, lugala*) kennen gelernt haben; *in-sar-é* „er schreibt" wird also im Gegensatze zu *in-sar* „er schreiben", das ist „er schrieb"; eigentlich bedeuten „er schreiben hier" bezw. „er schreiben jetzt".

Der **Plural** wird beim Imperfectum durch angehängtes *éš*, beim Präsens durch angehängtes *né* ausgedrückt, also *in-sar* „er schrieb", *in-sar-éš* „sie schrieben", *in-sar-é* „er schreibt", *in-sar-éné* „sie schreiben". Neben *né* kommt beim Präsens auch *méš* als Pluralendung vor. Man kann statt *in-sar-éné* „sie schreiben" auch *in-sar-é-méš* sagen. Dieses *méš* ist der durch Anhängung der Imperfectpluralendung gebildete Plural des Verbum substantivum *mé*, das, wie ich in meiner Schrift „*Die sumerischen Familiengesetze*" nachgewiesen habe, eigentlich „genannt werden, einen Namen haben" bedeutet. *In-sar-é-méš* ist wörtlich „er schreiben jetzt sind sie" und in der postpositiven Conjugation *sara-nén-é-méš* „schreiben er jetzt sind sie".

Durch Präfigirung von *ýa, ýi, ýu, ýé* und bei der ersten Person *ýa* entstehen **Precativformen**: z. B. *in-guba* oder *im-ta-gub* „er liess sich nieder", *ǵen-ǵuba* oder *ǵém-ta-ǵub* „er lasse sich nieder"; ebenso *ǵum-ta-laǵ* „er werde rein"; *ib-ta(n)-ê* „er führte heraus", *ǵéb-ta-ê* oder *ǵén-ta-ê* „er führe heraus"; *ba-ra-ê* „er ging heraus", *ǵa-ba-ra-ê* „er gehe heraus"; *ǵa-ba-ran-ǵuba* „er lasse sich nieder", *ǵa-ba-ran-gaga* und *ǵa-ma-ǵigi* „er wende sich", *ǵa-ba-nib-ên-ê* „er fahre aus in sie (die Wüste)"; *mu-rab-sumu* „er gab dir", *ǵumu-rab-sumu* „er möge dir geben", *ǵu-mu-nib-tutu* „er möge ihn hineinbringen"; *ga-ba-gub* „ich will mich niederlassen", *ga-nêb-gar* „ich will machen", *gan-gu* „ich will sagen".

Der **Imperativ** wird durch vorgesetztes *méni, muêni, munni, mun* oder durch angehängtes *ab* gebildet; z. B. *méni-gar* oder *garab* „mache", *muêni-šib* „besprenge", *munni-gu* „sage", *mun-dub* „giesse aus"; *barab* „entscheide", *dugab* „sage". Einmal findet sich auch *mê* als Imperativpräfix: *mê-ǵar* „binde" IV R. 27, 60 b.

Die **Negation** *nu* wird stets präfigirt. Vor consonantisch anlautenden Personzeichen bleibt sie unverändert, mit vocalisch anlautenden schmilzt sie in *nun*, seltener *nan*, *numma* zusammen. Vgl. *in-zu* „er kannte", *nun-zu* „er kannte nicht"; *an-tuku* „er hatte", *nun-tuku*[42] „er hatte nicht"; *in-sumu* „er gab", *nan-sumu* „er gab nicht"; sumer. *nan-gida* „er fasst nicht"; *numma-šin-gi* „er sendet ihn nicht". Eine besondere negative Conjugation anzunehmen, ist nicht nöthig. Neben *nu* findet sich auch eine vollere Form *nam*, jedoch nur vor dem Personzeichen *ba*[44]; z. B. *nam-ba-nigin-éné* „sie sollen sich nicht wenden", *nam-ba-ǵul-ênê* „sie sollen nicht angreifen", *šu-nam-ba-bara* „er lässt nicht los".

Was schliesslich die akkadischen **Zahlwörter** anbetrifft, so sind uns dieselben leider nur sehr unvollständig bekannt, da in den Texten fast ausnahmslos Ziffern angewandt werden. „Eins" hiess *aš*, „zwei" wahrscheinlich *tab(a)* und „vier" *tattaba, tattava*, „drei" *péš*, „zwanzig" vielleicht *šána*. Ausserdem kennen wir noch die Ausdrücke für „vierzig" *šánabi*, „sechzig" *šuš* (griechisch σῶσσος),

600 *nêr* (νῆρος), 3600 *šar* (σάρος); ferner *min* „zweimal" sowie endlich die Bruchzahlen *šuššâna* „ein Drittel" (eigentlich $^{20}/_{60}$), *šânabi* „zwei Drittel" (für *šuššânabi* das ist $^{40}/_{60}$) und *kingusili* „fünf Sechstel". Den Grundzahlen wird häufig das Affix 𒄠 *am* (V R. 22, 30 a) angehängt; durch Suffigirung von *kam(a)*, geschrieben 𒋾 𒄠 oder 𒃵 𒄠, entstehen die Ordinalzahlen: z. B. *aš* oder *aš-am* „eins", *aš-kam* oder *aš-kama* „der erste"; *tab* oder *tab-am* (*tav-av*) „zwei", *tab-kam* (*tav-kav*) „der zweite".

Damit, meine Herren, lassen Sie mich meinen Vortrag über die sumerisch-akkadische Sprache schliessen.

Man hat vielleicht erwartet, dass ich an dieser Stelle Gelegenheit nehmen würde, auf die bekannte Hypothese eines geschätzten französischen Fachgenossen einzugehen, welcher die eigenthümliche Behauptung aufgestellt hat, es gäbe keine akkadische Sprache. Was die Assyriologen für ein nichtsemitisches Idiom hielten, sei lediglich eine Schrift, oder höchstens, was im Grunde auf dasselbe hinauskomme, „*des articulations artificielles*". Alle sogenannten akkadischen und sumerischen Texte seien in Wahrheit assyrische; das durchweg gutsemitische Sprachgut sei in diesem Falle nur durch ein eigenthümliches ideographisches System, das man das ideophonische, allographische oder hieratische nennen könne, wiedergegeben.

Ich muss gestehen, dass die Gründe, welche JOSEPH HALÉVY für seine geistreiche Hypothese, die selbst in allen ihren Verirrungen den Scharfsinn ihres Urhebers nicht verleugnet, beigebracht hat, mir in keiner Weise überzeugend zu sein scheinen. Ich will indess an dieser Stelle Ihre Geduld mit einer Erörterung dieser Frage nicht länger in Anspruch nehmen. Sobald mein hochverehrter Freund eine dem gegenwärtigen Standpunkte unserer Wissenschaft entsprechende Darlegung seiner Theorie veröffentlichen sollte, werde ich sicher nicht verfehlen, eine Widerlegung seiner Aufstellungen erscheinen zu lassen. Schon jetzt aber, glaube ich, wird wohl jeder Sprachforscher, welcher meinen Ausführungen vorurtheilsfrei gefolgt ist, die Überzeugung gewonnen haben, dass wir in den akkadischen und sumerischen Keilschrifttexten wirklich nicht bloss ein künstliches allographisches System vor uns haben, sondern in der That eine eigenartige Sprache welche entschieden weder semitisch noch indogermanisch ist, wenn auch die nähere Bestimmung der ethnologischen Stellung des Volkes, welches sich dieses Idioms bediente, der Zukunft vorbehalten bleiben muss.

Es ist vielleicht Manchem nicht unerwünscht, wenn ich schliesslich noch einige

Sprachproben

beifüge. Ich wähle dazu zwei in meinen *Keilschrifttexten* (Nr. 9 und Nr. 14) und auch im vierten Bande des englischen Inschriftenwerkes (IV R. 14, Nr. 2 und IV R. 29, Nr. 5) veröffentlichte Texte, die akkadische Beschwörungsformel K. 44 und den sumerischen Busspsalm K. 101, sowie einige der vielbesprochenen sumerischen oder vielmehr akkadischen „Familiengesetze". Dabei erlaube ich mir, die verstümmelten Stellen zu ergänzen und einige für den vorliegenden Zweck unwesentliche Abänderungen vorzunehmen.

1. Akkadische Beschwörungsformel.

Ên	*Gibil*	*nun-mê*	*kur-u*	*il-a*
Beschwörungsformel.	Feuergott	gewaltiger Mann	(im) Lande	erhaben
Ur-sag	*tur*	*abzu-a*	*kur-a*	*il-a*
Mann-Haupt	Kind	(des) Ocean	(im) Lande	erhaben.
Gibil	*pil-á-zu*	*êl-a*		*laĝlaĝ-a*
Feuergott	dein Feuer	hell		strahlend
É	*giggig-a*	*láĝ-a*		*ab-gaga*
Haus	Finsterniss	Licht		er macht,
Nin-nam	*inu*	*sa-a*	*nam*	*ab-gaga*
Alles was	Namen	nennen	Schicksal	er macht.

Urudu	*ana*	*šaršar-á-bi*	*zaê*	*mên*
Bronze	Blei	sein Schmelzer	du	sein,
Guškin	*kubabbar*	*šag-á-bi*	*zaê*	*mên*
Gold	Silber	ihr Läuterer	du	sein,
Dingir	*Ninkasi*	*tab-á-bi*	*zaê*	*mên*
Gott	Ninkasi	sein Genosse	du	sein,

Lu	*ǵul-gal*	*gab*	*gé*	*gin-á-bi*	*zaê mên*
Mensch	böse	Brust	(bei) Nacht	sein Wender	du sein.
Lu	*tur*	*dingir-â-na*	**bar-á-bi*	*ǵén-laǵlaǵa*	
Mensch	Kind	sein(es) Gott(es)	sein Leib	er werde rein!	

Ana-gimê   *ǵén-zaga*
Himmel — wie   er strahle!

Kin-â-gim   *ǵén-êla*
Erde — wie   er glänze!

Šaga-ana-gim   *ǵén-laǵlaǵa*
Mitte - Himmel - wie er leuchte!

Êmê   *ǵulgal*   *barâ-šu*   *ǵém-ta-gub*
Spruch   feindlich   Seite-auf   er sich niederlasse.

Das heisst: „Feuergott, Gewaltiger, der hocherhaben ist im Lande. — Held, Kind des Oceans, der hocherhaben ist im Lande — Feuergott! Dein helles strahlendes Licht schaffet Licht im Hause der Finsterniss; — es bestimmt das Schicksal von Allem, was einen Namen hat. — Der Bronze und des Bleies Schmelzer bist du, — des Goldes und des Silbers Läuterer bist du, — des Gottes Ninkasi Genosse bist du. — Du bist es, der in der Nacht des Feindes Stirn zurückscheucht. — (O gieb, dass) dieses frommen Mannes Leib wieder rein werde, — (dass) er strahle wie der Himmel, — glänze wie die Erde, — leuchte wie des Himmels Mitte. — Fern von ihm hebe sich weg der unheilvolle Spruch!

Die assyrische Interlinearübersetzung giebt dies folgendermassen wieder: *Gibil abkallum ša ina mâti šakú | karrâdu mâr apsî ša ina mâti* šakû | Gibil ina išâtika elliti | ina bît ekliti nûra tašákan | nin ša šuma nabû šimta tašâma | ša êri u anaki muballilšunu atta | ša ṣarpi ḫurâṣi mudammikšunu atta | ša ili Ninkasi tabbûšu atta | ša limni ina mûši mutîr irtišu atta | ša améli mâr ilišu mêšrétišu litabbibâ | kîma šamê lîlil | kîma érṣitim libib | kîma kirib šamê limmir | [lišânu limuttu ina aḫâti lizziz].

II. Akkadische Familiengesetze.

Überschrift. *U-kur-šu u-namê-šu.*
Tag-anderer-für Tag-irgendeiner-für.

Nr. 1. *Tukundi   du   adá-na-ra*
Wenn   Kind   Vater-seinem- zu

Ad-á-mu   nu -   mê - a
Vater mein   nicht   sein

Ban - nan - gu
er   ihm sagt

Dubbin - mi - nin - ša - a
Scheeren er   ihn schneidet

Garâ-ru   mi-nin-du-é
Sklavenarbeit-zu er ihn bestimmt.

Ša   azag-á-ru   mi-nin-si
Und   Silber-für   er ihn hingiebt.

Nr. 5. *Tukundi*
Wenn

Dam-é   dam-á-na
Gemahl   Gemahl sein

Gul-ban-da-gig-á-ni
Untreu er ihm wird

Dam-á-mu   nu-mén
Gemahl mein   nicht sein.

Ban - nan - gu
Er ihm sagt.
Id - á - šu
Fluss - in
Ban - sumu
Er wird geworfen.

Nr. 6. *Tukundi*
Wenn
Dam-é   dam - á - na - ra
Gemahl   Gemahl-seinem-zu
Dam - á - mu   nu - mên
Gemahl mein   nicht sein
Ban -nan - gu
Er   ihm sagt
Bar   mana   kubabbar   ni - lal - é
Eine halbe   Mine   Silber   er zahlt

Das heisst: Für die Zukunft, für ewige Zeiten. — 1. Wenn ein Kind zu seinem Vater sagt: „Du bist nicht mehr mein Vater", so darf er es scheeren, ihm Sclavendienst auflegen und für Geld verkaufen. — 5. Wenn ein Weib ihrem Manne untreu wird und „du bist nicht mehr mein Mann" zu ihm sagt, so soll sie in den Fluss geworfen werden. — 6. Wenn aber ein Mann zu seinem Weibe sagt „du bist nicht mehr mein Weib", so soll er eine halbe Mine Silber zahlen".

Die danebenstehende assyrische Columne lautet: *Ana matima ana arkat ûmê.* — 1. *Šumma mâru ana abišu | ul abî atta | iktábî | ugallabšu | abbúttum išákanšu | u ana kaspi inádinšu.* — 5. *Šumma aššata mussu | izir-ma | ul mutî atta | iktábî | ana nâru | inádûšu.* — 6. *Šumma | mutu ana aššatišu | ul aššatî atta | iktábî | šunni mana kaspi išáķal.*

III. Sumerischer Busspsalm.

Maê êri - za	*kuša • dim dugá-mu*
Ich Knecht dein	Frieden machen sage ich
Mulu nam-taga tuku-a	*gu šašaga šu-têmâ-zu*
Mensch Sünde haben	Wort (der)Erweichung annehmen-du
Mulu idê - barâ - zu	*mulu - bi al - ti*
Mensch Auge richten du	Mensch dieser er leben
*A - mal *duábiéné*	*mulu azalulu - kid*
Macht-habend Gesammtheit ihrer	Herrin Menschheit - über
*Sala(l)-šud gur - an - šib zêba	**šanêdu ban - têma*
Gnädige wenden sich zu ihr gut	Flehen er es annimmt
Dimmêr ama Nin-â-bi ki(n-á)-bi ša-	*diba zaê gu-dê - â - bi*
Gott Mutter Göttin seine mit ihm	Flehen du sprechen - sie
Gu - â - zu gur - an - šib	*šu gid - ban - nab*
Antlitz dein wende es zu ihm	Hand fasse ihn
Zaê-na dimmêr	*sidi nu - tuku - am*
Dir-über Gott	Leiter nicht - sein - sicherlich
Idê - zi - bar - mun - šib	**šanêdu šutémab*
Auge gnädig richte auf mich es	Flehen nimm an
*Sug-a-mu dugab	*bar-â-zu têntén*
Erlösung meine sprich aus	Dein Gemüth besänftige sich
*Mê-éna *nén-â-ma*	*idê - zu nigin - â - kid*
Wann bis Herrin mein	Antlitz dein abgewendet-sein-in
Tê mun-šé-ir dim(-é)	*ašêr-a mun-*zalzal*
Taube ich klage gleichwie	Klagen ich seufzen

Das heisst in fliessender Rede:

Ich, dein Knecht,	Gieb mir Frieden! bitte ich.
Wer Sünde begangen,	Du nimmst an sein Flehen.
Neigst Du Dich einem Menschen zu,	So lebt dieser Mensch.

Machthaberin über Alle,	Herrin der Menschheit. —
Barmherzige, zu der es gut ist	
sich zu wenden,	Die annimmt das Flehen,
(Siehe) sein Gott und seine Göttin	(Und) sprechen zu Dir:
flehen mit ihm	
„Wende ihm zu Dein Antlitz,	Fasse ihn bei der Hand"!
Über Dir giebt es ja keinen Gott,	Der Dir gebieten könnte. —
Erbarme Dich meiner in Gnaden,	Nimm an mein Flehen.
Sprich aus meine Erlösung,	Dein Zorn besänftige sich!
(Denn) so lange, o meine Herrin,	Dein Antlitz abgewandt ist,
Klage ich wie eine Taube	(Und) zerfliesse in Jammern.

Die assyrische Interlinearübersetzung dieses tiefempfundenen Bussliedes lautet:

Anaku aradki	*šunuḫu ašásáki*
Ša annu išú	*teliké têmékšu*
Amélim tappalasî	*amélu-šú ibáluṭ*
Lê'at kála-ma	*bélit ténišéti.* —
Rémnitum ša nasharšc ṭábu	*likát unníni*
Ilšu u Ištaršu zinú	*ittišu, išásúki káši*
Kišádki suḫḫiršû-ma	*taṣábatî kátsu*
Éla káti ili(m)	*muštéšéru ul iši.* —
Kéniš naplis-inni-ma	*likí unníni*
Aḫutan (?) -ja kibí-ma	*kabattaki lipšaḫa*
Adi matî béltî	*suḫḫuru pánuki*
Kîma summati adámem	*tániḫu uštánaḫ.*

Anmerkungen.

1) Das Verhältniss des Akkadischen zu den ural-altaïschen Sprachen hat inzwischen O. DONNER in Helsingfors auf meine Bitte einer erneuten Prüfung unterzogen. Er kommt in seiner verdienstlichen Arbeit, welche der Separatausgabe dieses Vortrages als Anhang beigegeben ist, zu dem Ergebnisse, dass „das Akkadische entschieden keine ural-altaïsche Sprache ist, dass es in keiner Weise mit irgend einem der angenommenen fünf Hauptzweige dieser Idiome näher verbunden werden kann". Ebenso verhält es sich nach DONNER mit dem Medischen.

2) Vgl. dazu meinen Vortrag „*Der keilinschriftliche Sintfluthbericht, eine Episode des babylonischen Nimrodepos*", Leipzig 1881, Anm. 3. — Inzwischen habe ich FRANZ PRAETORIUS' interessante Bemerkungen in ZDMG. XXXV, S. 763 gelesen, und bin dadurch auf eine dritte Möglichkeit hingewiesen worden. Wenn nämlich der sumerische Dialekt in vielen Punkten alterthümlicher als die Mundart von Akkad ist, so wäre denkbar, dass sich in Nordbabylonien im Munde der Weiber, welche mit den semitischen Eindringlingen nicht so viel in Berührung kamen wie ihre Männer, die älteren sumerischen Formen zum grossen Theil noch unverändert erhalten hätten und aus diesem Grunde dann die Mundart von Südbabylonien „Weibersprache" genannt worden wäre.

3) Vgl. dazu die genau nach den Originalen copirten sumerischen Texte in der dritten Lieferung meiner „*Akkadischen und sumerischen Keilschrifttexte*" (Leipzig 1881) sowie den von FRIEDRICH DELITZSCH in der zweiten Auflage seiner „*Assyrischen Lesestücke*" (Leipzig 1878) herausgegebenen sumerischen Hymnus an die Göttin Istar, Z. 74

der Rückseite. Auch in den im IV. Bande der „*Cuneiform Inscriptions of Western Asia*" (London 1875) veröffentlichten sumerischen Texten hat das Zeichen ⟨⟨ auf den Thontafeln, wie ich mich bei der Collation der Originale überzeugt habe, regelmässig die Form ⟨⟨. Vgl. dazu die vierte Lieferung meiner *Keilschrifttexte* (Leipzig 1882), insbesondere S. 179 ff. ⟨ statt ⟨ findet sich zum Beispiel IV R. 26, 39a (vgl. *Keilschrifttexte*, S. 183, Nr. XVII), ebenso bei Delitzsch a. a. O. Z. 5 und 7 der Rückseite.

4) *Vêr* ist die jüngere Aussprache: *m* wurde im Sumerisch-Akkadischen im Laufe der Zeit zu *v*. Dieser Lautübergang tritt uns später, vielleicht nicht ohne Einwirkung von Seiten des Akkadischen, auch im Assyrischen entgegen: assyrisches מ wurde in späterer Zeit ב (nicht פ!) gesprochen. Daher gaben die Hebräer den Namen des achten babylonischen Monats, assyr. *Arahšâmna* (neubabylonisch *Arahsávna*) durch מַרְחֶשְׁוָן wieder. Aus demselben Grunde erscheint auch das assyrische *Tâmdu* „Meer" (= **tahmatu*, Nebenform *ti'âmdu*, *ti'âmtu*, stat. constr. *ti'âmat*, vgl. hebräisch תְּהוֹם) bei Damascius (*Quaestiones de primis principiis* ed. Jos. Kopp, pag. 384) als Ταυθέ und der Name der Gemahlin des Gottes *Éa*, *Damkina* als Δαύκη. So erklärt sich auch die bekannte Glosse des Hesychius (recens. M. Schmidt, Jenae 1862, vol. IV, p. 14) σάνη bez. σαύης κόσμος Βαβυλώνια. Σαύη ist das assyr. *šamê* „Himmel", was in späterer Zeit סו savî gesprochen wurde. Beachte auch אַרְגְּמָן und אַרְגְּוָן „rother Purpur", assyr. *argamânu* beziehungsweise *argavânu*.

5) Fast alle uns erhaltenen sumerischen Hymnen sind durch assyrische Gelehrte von älteren Originalen abgeschrieben und mit semitischer Interlinearübersetzung versehen worden. Den grossen Lobgesang an den Mondgott Sin, welcher im vierten Bande des englischen Inschriftenwerkes auf Tafel IX veröffentlicht ist, hat zum Beispiel, wie die Unterschrift ausdrücklich angiebt, der Obertafelschreiber (*rabdupsarrê*) des Königs Sardanapal ⟨⟨⟨ ⟨⟨⟨ (der Sohn des ⟨⟨⟨ ⟨⟨ ⟨⟨⟨ ⟨ ⟨ ⟨⟨⟨ ⟨⟨⟨ ⟨⟨ ⟨⟨ d. h. „Nebo leite den Sprössling") eigenhändig nach dem alten Originale copirt.

6) Vgl. dazu S. 162 und S. 201, Nr. 26 der erklärenden Anmerkungen zu meinen „*Akkad. und sumer. Keilschrifttexten*". Ausser den dort angeführten Beispielen will ich hier noch auf ⟨⟨ „rufen" (assyr.

ṣarâḳu) II R. 20, 18 a. b aufmerksam machen. Dieses 𒁺 ist *tug*,
dug zu lesen und lediglich phonetische Schreibung für 𒁺 *dug*,
Nr. 44 meiner „Zeichensammlung". Auch in dem sumerischen Texte
IV R. 21, 29 und 31b wird 𒂗𒈾𒁺 statt (𒂗𒈾 bez.) 𒂗 𒈾 𒁺 𒁺 𒁉 *gén-
nan-duga* „er möge ihm verkünden" (assyr. *likkabišu-m*) geschrieben.
Vgl. auch *Keilschrifttexte*, S. 207, Nr. 44, sowie Nr. 21 der Anmerkungen
zu meinem Sintfluthvortrage. Bisweilen werden natürlich auch in
den sumerischen Texten Wörter, deren sumerische Form von der
akkadischen abweicht, ideographisch geschrieben: so z. B. 𒂗
𒂗 „Herr" IV R. 9, 1a ff. statt 𒉈 𒃲 𒂗 𒁉; IV R.
10, 41b 𒌓 „alles was" statt 𒅗𒈾 und 𒀀𒅎 „Wind"
statt 𒅎 𒃲, ebenso *Keilschrifttexte*, S. 117, Z. 5 𒌓 𒁺
𒂊 „mache" statt 𒂊 𒂊 und S. 124, Z. 20 𒁺𒅗
𒂗 𒂊 „er ist" statt 𒂊 𒁉 𒁺 𒂊. Selbstverständlich sind 𒂗 𒂗 𒀀 𒌓 𒀀𒅎 etc. in diesen Fällen
aber nicht *nêrgal, nin, im, garab, galâba*, sondern vielmehr *šêrmal,
am, mêr, marab, malâba* zu lesen.

7) Verschiedene Anzeichen sprechen dafür, dass im Akkadischen
b und *g* zwischen Vocalen in die entsprechenden Spiranten über-
gingen. Zum Beispiel wird neben 𒁕 𒁉 *tatta-ba* „vier" auch
𒁕 𒈠 *tatta-ma* bez. *tatta-va* geschrieben; neben 𒄭 *am*
„Ochs" auch *ab* (S^b 254); auf K. 73 finden wir neben einander
𒁈 *dib* und 𒁴 *dim* (vgl. II R. 48, 45a; V R. 29, 69 e) in
der Bedeutung *sanâku ša ḳâti* „fest anfassen, von der Hand" und
IV R. 10, 44a und 39b steht 𒁈 𒁉 *diba* für 𒁴 𒂊
dima, diva, die sumerische Form des akkadischen *gima, giva* „thun";
endlich erscheint in dem Götterverzeichnisse II R. 48, 38a als
akkadischer Name des göttlichen Schreibers Nebo 𒁴 𒊬
dim-sar, div-sar für 𒁴 𒊬 *dubsar, dibsar* „Tafelschreiber", hebr. מִסְפָּר Jerem. 51, 27; Nah. 3, 17. Man sprach
also *tattaba, ab, diba, dibsar* wie *tattava, av, diva, divsar*. Ebenso
schreibt man statt 𒀉 𒆯 *laga* „Licht, hell" häufig 𒀉 𒆷

laga etc. etc., weil man eben *laga* wie ל sprach. Bemerkenswerth
ist auch, dass der Königsname *Kudur-Lagamara* Genesis 14, 1. 9,
durch כְּדָרְלָעֹמֶר (LXX. Χοδολλογομόρ) mit ע wiedergegeben wird.

8) Siehe Haupt, *Sintfluthbericht*, Anm. 16. Der Übergang von sumer. *š* in akkad. *n* liegt auch V R. 12, 6 a vor. — Meine Behauptung, dass das assyrische 𒈗 „König" aus dem sumerischen 𒈗 (akkad. 𒉆 nêr) „König" entstanden sei, halte ich aufrecht. Dass auf dem von Oppert im *Journal asiatique, sixième série, tome* VI, 1865, S. 300 veröffentlichten, nur drei verstümmelte Zeilen enthaltenden Bruchstücke einer Inschrift des Artaxerxes Mnemon sich 𒀭 𒈗𒈗 𒈗 finden soll, ist mir wohl bekannt. Diese Schreibung steht aber, wie Oppert a. a. O. selbst bemerkt, ganz vereinzelt da und ist deshalb nicht beweiskräftig. Ausserdem würde aus dieser Stelle nur hervorgehen, dass neben *šerru* zur Zeit des Artaxerxes Mnemon auch eine Nebenform *šarru* aufgekommen war. Auf alle Fälle aber ist *šarru* nicht semitischen Ursprungs.

9) Die Lesung *sum* für akkad. 𒋗 „geben" fordern die Verbalformen auf S. 65 meiner *Keilschrifttexte* (Z. 38 ff.); denn *u* als Verlängerungsvocal ist nur bei *u*-haltigen Wurzeln möglich. Dass 𒋗 den Lautwerth *sum* hatte, vermuthete schon Lotz, *Die Inschriften Tiglath-Pilesers 1*, Leipzig 1880, S. 103.

10) Darauf hat mich zuerst François Lenormant brieflich aufmerksam gemacht. Siehe auch Friedrich Delitzsch, *Wo lag das Paradies?*, Leipzig 1881, S. 172.

11) Wir finden neben einander *ma*, *mé* und *mu* „sprechen". Als älteste Form werden wir *ma* (*mâ?*) anzusehen haben. Dies wurde im Sumerischen zu *mé*, während es sich im Akkadischen durch die Mittelstufe *o* zu *u* verdumpfte. Das akkad. *u* würde sich dann zu dem sumer. *é* verhalten wie das punische (aus *râš*, *rôš* entstandene) *rus* (Schröder, *Phön. Spr.* S. 133) zu ostsyr. *réš*.

12) Die Belege für die hier angeführten Formen sind in meinem Aufsatze „*Über einen Dialekt der sumerischen Sprache*", sowie in den „*Grundzügen der akkadischen Grammatik*" in der vierten Lieferung meiner „*Akkad. und sumer. Keilschrifttexte*" (Leipzig 1882, gr. 4) zu finden.

13) Vgl. meine Schrift „*Die sumerischen Familiengesetze*" (Leipzig 1879, gr. 4) S. 7—9.

16) Vgl. IV R. 19, 3 a; 16, 30 a.

17) Die beiden Sätze müssten im Akkadischen folgendermassen lauten: 𒀭 𒈗 𒈗 𒈗 𒈗 𒀭 𒈗 𒈗

[cuneiform] und [cuneiform]
[cuneiform]
[cuneiform]
[cuneiform].

18) Beachte dazu die werthvollen *Beiträge zur Lautlehre der arabischen Sprache* von E. BRÜCKE in den Sitzungsberichten der Wiener Akademie, Phil.-histor. Cl. 1860. Band XXXIV, S. 307—356.

19) Vgl. dazu das akkadische Glossar in der vierten Lieferung meiner *Keilschrifttexte*.

20) Auf die Beziehungen zwischen *u* und *é* habe ich zuerst im zweiten Excurse meiner „*Familiengesetze*" hingewiesen. Was ich dort S. 52 unter 12) und 13) sowie S. 53 und 54 unter c) vorgetragen habe, ist aber schief. Eine Pluralendung *uš* neben *éš* giebt es nicht. Formen wie *ĝenĝubuš* stehen eben für *ĝê-in-ĝub-u-eš* d. i. Precativpräfix *ĝê* + Personzeichen *in* + Wurzel *ĝub* + Verlängerungsvocal *u* + Pluralendung *éš*. Ebenso ist auch das *u* an Stelle der Präsenspartikel *é* aus *u-é* zusammengezogen: *in-sumu* „er giebt" ist aus *in-sumu-é* entstanden. Der Verlängerungsvocal kann ja vor der Präsenspartikel stehen; vgl. *nu-mun-pa(d)-da-éné* IV R. 9, 36 a. 7 b; *su(m)-mu-na-é* „er giebt", *Keilschrifttexte*, S. 65, Z. 39. Dass dieses aus *u-é* zusammengezogene *u* lang ist, kann wohl keinem Zweifel unterliegen.

21) Dieser Übergang scheint auch in *imméli*, was V R. 30, 29 g (vgl. *Keilschrifttexte*, S. 215, Z. 25) als akkadische Aussprache von [cuneiform] „Getränk" (assyr. *šikru*) angegeben wird, vorzuliegen. Das Wort hängt offenbar mit *imma* „Durst" V R. 31, 37 e zusammen. *Imméli* wird aus *imma-li* entstanden und *li* ein nominales Ableitungssuffix sein. *Imma-li* wird etwa „das für den Durst Bestimmte" bedeutet haben.

22) Siehe meine *Keilschrifttexte*, S. 75. Auf dieser Tafel hat irgend ein Anfänger im Akkadischen unter den jungen Assyrern sich zur Erleichterung des Lesens über mehrere akkadische Zeichen die Aussprache in winzig kleiner Schrift darüber geschrieben. Derartige Schülerarbeiten junger Babylonier haben wir mehrere. Dieselbe Ansicht spricht FRIEDRICH DELITZSCH in dem vor Kurzem erschienenen nützlichen Büchlein F. MÜRDTER's *Kurzgefasste Geschichte Babyloniens und Assyriens* (Stuttgart 1882) S. 277 aus. Interessant ist in

dieser Beziehung der V R. 31 veröffentlichte babylonische Text. Hier hat der Schüler bei seiner Übersetzungsaufgabe mehrere Male, wo er den Sinn nicht herausbringen konnte, אל אידי֗ *ul idi* „ich weiss nicht" hingesetzt. Ich bin darauf von FRIEDRICH DELITZSCH aufmerksam gemacht worden.

23) Akkad. *na* „hoch sein" ist durch II R. 30, 24 g bezeugt. Gewöhnlich hält man *an* für die Wurzel von *ana* „Himmel" und betrachtet das auslautende *a* als Verlängerungsvocal. Dann wäre aber das *u* in *anu* „Ähre" nicht zu erklären. Beachte auch II R. 50, 18 c, wo das einfache ⊢⟨⊤ *na* durch assyr. *šamû* „Himmel" übersetzt wird, sowie *énu* „Himmel" Z. 21 derselben Columne. Nach II R. 29, 71 a wird ⊢⊣⊤, das Ideogramm für „Himmel", in der Bedeutung „Kornähre" (assyr. *šubultum ša šé'im*) im Akkadischen ⟪⟨ ⊤ *éššu* gelesen. Dieses *éššu* scheint mir aus *én-šu* entstanden zu sein; *šu* wird die jüngere Form von ⪤ *šé* „Getreide" und *én* = *énu* = *ana* „hoch, Halm" sein. Vgl. dazu S. 205 der Anmerkungen zu meinen „*Keilschrifttexten*", Nr. 29 ff.

24) Dieses hervorhebende Pronominalelement kann jeder akkadischen Wurzel, gleichviel ob sie als Nomen oder als Verbum verwandt wird, angehängt werden. Man kann sagen *ad* und *ada* „Vater"; *gal, gala* oder *galé* „gross"; *nun, nuna* oder *nuné* „erhaben"; *él* und *éla* „rein"; *ǵén-él* und *ǵén-éla* „er werde rein"; *ǵabanibé(n)* oder *ǵabanibéné* „er fahre aus in sie". Vor einem antretenden Suffixum wird der Verlängerungsvocal gedehnt; aus *ada* „Vater" + *ni* „sein" wird *adáni* „sein Vater", geschrieben ⊨⊨⊤ ⊨⊨⊤⊤ ⊩⊤ ⊰⊣⊣⊳, aus *ada* + ⊨⊨ „zu dem Vater" *adá-šu*. Vgl. dazu meine ausführliche Auseinandersetzung in „*Die sumer. Familiengesetze*" S. 24 ff. und über *é* als Verlängerungsvocal S. 39 Anm. 3.

25) Vgl. „*Familiengesetze*" S. 43 Anm. 1 und S. 57 Anm. 2.

26) Siehe darüber den vierten Excurs meiner „*Familiengesetze*": „Das Verklingen auslautender Consonanten im Sumerischen".

27) Vgl. dazu A. H. SAYCE's Abhandlung „*Accadian Phonology*" (Philological Society) London 1877, S. 10.

28) Aus S^b 110 ist nicht ersichtlich, ob ⟪⊤⊤ in der Aussprache *azag* „glänzen" oder „Silber" bedeutet. Wenn in der assyrischen Columne *kaspu* zu ergänzen wäre, so könnte *azag* eine Nominalbildung und die nackte Wurzel eigentlich *zag* sein. Eine Wurzel

zag „glänzen" liegt ja auch in *zagin* V R. 22. 10a vor. Es ist deshalb vielleicht richtiger, *gên-zaga* statt *gên-azaga* zu lesen.

29) Vgl. dazu § 20 meiner „*Grundzüge der akkadischen Grammatik*" in der vierten Lieferung meiner „*Keilschrifttexte*".

30) Das akkadische *išib* „Beschwörung" ist als אשׁף auch in das Assyrische und Hebräische übergegangen: assyr. *ašipu* „Beschwörer" und אשׁף im Buche Daniel sind aus dem Semitischen nicht zu erklären. Neben *šib* findet sich auch die jüngere Form *šub*, geschrieben 𒋗. Vgl. dazu IV R. 13, 55b, (16, 46b), wo die Abstractform 𒉆𒋗𒁀 *nam-šiba* durch das bekannte assyr. *šiptum* „Beschwörung" wiedergegeben wird; ferner IV R. 25, 49a, wo dem akkadischen *nam-šiba* in der assyrischen Übersetzung *išibbûtu, išippûtu* entspricht; endlich IV R. 3, 8. 15b; 4, 29a; 6, 43b; 16, 34b; 25, 47a; 28, 56a, an welchen Stellen dem assyr. *šiptu* im Akkadischen 𒉆𒋗 entspricht. Dass 𒉆𒋗 *nam-šub* zu lesen ist, folgt aus IV R. 21, 47a, wo diese Abstractform mit Verlängerungsvocal 𒉆𒋗𒁀 *nam-šu(b)-ba* geschrieben wird. — Als Verbalwurzel bedeutet 𒋗 „werfen, besprengen" assyr. *nadû*. Vgl. dazu *Keilschrifttexte*, S. 86/7, Col. II, Z. 13, wo 𒋗 durch assyr. *nadû* wiedergegeben wird; S. 120, Z. 13 *(ba-šub = ittandi)* — S. 122, Nr. 19, Z. 12 *(šub-ba-a-zu = assyr. addi-ki)* — ferner IV R. 1, 9a, *(nên-šubûš* für *nên-šubu-êš = assyr. iddû* für **jandijû)* — IV R. 3, 21a *(pil-šubu-da-gimê in-tab-tab-é* „wie in's Feuer geworfen flackert er" assyr. *kima ša ina išâti nadû uḫtammat)* — IV R. 10, 37b *(mun-šub = nadî)* — IV R. 15, 16b *(ša-mêni-šub = idi-ma)* — IV R. 18, 52a *(lu-êrim šubšubu-nê* „zur Niederwerfung des Feindes" assyr. *šumkuti ûbi)* — 22, 20b *(ša-mêni-šub = idi-ma)* — 23, 34b. *(kin-êlá-ta aran-šub* „an einen reinen Ort habe ich dich entfernt" assyr. *ana ašri êlli addika)* — 23, 43b *(šubšub-ta = assyr. 𒋳 d. i. uštamkit)*. — (In Z. 52 der zweiten Columne des S. 187 meiner *Keilschrifttexte* im Auszuge mitgetheilten bilinguen Textes R^M 110 entspricht dem assyr. *uštamkit* im Akkadischen *imman-dan-šub)* — vgl. ferner IV R. 26, 36b *(šagâ- 𒄷 ša-mêni-šub = ana libbi idi-ma;* 𒄷 ist hier Postposition = assyr. *ana!)* — II R. 16, 60a *(é-šub-šú = ana bît nadî)*. — IV R. 9, 30a wird sumer. *mun-šu(b)-ba* durch assyr. *mušaršidu* wiedergegeben und II R. 9, 13 und 16c 𒈪 𒋗 *ni-šub* durch *iddin* „er gab bez. setzte" und *mi-*

ni-šub (beachte *ni* als einverleibtes Verbalobject statt *nin*!) durch *iddinšu* „er setzte ihn". ⟨TTT scheint hier phonetische Schreibung für ⊨≡Y zu sein. Umgekehrt ist ⊨≡Y an den Stellen, wo es durch assyr. *nadû* wiedergegeben wird, nicht Ideogramm, sondern phonetische Schreibung für ⟨TTT. Vgl. dazu zum Beispiel IV R. 3, 8 b; 4, 29 a und 32 b; 6, 43 b; 22, 12 b sowie die letzte Zeile des fünften Familiengesetzes. Wie ich Anm. 7 auseinandergesetzt habe, wurde ja *sub* ebenso wie *sum* im Akkadischen *suv* gesprochen. Beachte dazu auch S. 51, Z. 38 meiner *Keilschrifttexte*, wo dem assyr. *iddi* im Akkadischen ⊨≡TTT ⊨≡⟨ d. i. *in-šum, in-suv* entspricht. Dies ist auch nur eine andere phonetische Schreibung für ⟨TTT *in-šub, in-suv*. ⊨≡⟨ = *nadû* findet sich auch S^e 297.

Das assyrische *šiptu* „Beschwörung" leitete ich „*Familiengesetze*" S. 74 von נשׁא ab und erklärte in Folge dessen die Form für eine Analogiebildung nach *šubtu* „Wohnung" von *ašâbu* (= **uašâbu*) „wohnen". Diese Annahme ist jetzt nicht mehr nöthig. *Šiptu* ist einfach durch Anhängung der assyrischen Femininendung an die akkadische Wurzel *šib* entstanden. Diese Anfügung des semitischen femin. ת findet sich öfter bei akkadischen Lehnwörtern. *Aptu* „Bau, Schwalbennest" (S^b 188; IV R. 27, 15 b), das DELITZSCH mit dem targum. und talmud. אַפְּתָא „Anbau" zusammenstellt, lautet z. B. im Akkadischen *ab*; ebenso sind die akkadischen Grundformen der Namen des Euphrat und Tigris *Pura(nunu)* und *Idigna*, während dieselben im Assyrischen bekanntlich *Purâtu* und *Idignat* bez. *Idiklat* (so DELITZSCH in *Wo lag das Paradies?* S. 172) lauten.

31) Neben ⟨⟨ *a* erscheint auch ⊨≡⟨Y als nominales Ableitungspräfix, z. B. in ⊨≡⟨Y ⊨≡YY⟨ ⟨⊢⟩Ξ⟩ „Ruheplatz" assyr. *manâḫtu* (d. i. femin. zu מְנֻחָה) von ⊨≡YY⟨ *kuš* „ruhen" assyr. *nâḫu*, II R. 15, 34 a. 33 b; 48, 6 a; V R. 24, 1 a. Dieses ⊨≡⟨Y ist ebenfalls *a* zu lesen, ⊨≡⟨Y ⊨≡YY⟨ ⟨⊢⟩Ξ⟩ demnach *a-kuš-ša, akuša* zu sprechen. Vgl. auch sumer. ⊨≡⟨Y ⊨≡YY⊢ *amar* „Dach, Wohnung" *Keilschrifttexte*, S. 109. Z. 50 (abgeleitet von *mar* „wohnen") assyr. *lânu* (so auch II R. 30, 11 b), wovon das hebr. לִין „herbergen" eine denominative Ableitung zu sein scheint. — Dass ⊨≡⟨Y im Akkadischen den Lautwerth *a* hatte, zeigt das Vocabular II R. 24, 50 c, wo ⊨≡⟨Y mit der Glosse ⟨⟨ *a* durch assyr. *kar-[nu]* „Horn" er-

klärt wird. Meine Ergänzung ist gesichert durch den „Hymnus an Adar", welchen ich in meinen *Keilschrifttexten* veröffentlicht habe. Hier wird S. 81, Z. 21 das akkadische *muru(bá)-bi-a ama-gal(á)-gim(é)* ⟦cuneiform⟧ *-bi mi-ni-in-il-il* durch assyr. *ina birišunu kima rimi rabi karnášu ittanáši* „in ihrer Mitte trägt er seine Hörner hoch wie ein gewaltiger Bergstier" wiedergegeben. Der Lautwerth *a* ergiebt sich auch aus S. 75 meiner *Keilschrifttexte*. Dort hat das Ideogramm ⟦cuneiform⟧ (mit Verlängerungsvocal auf dem Fragmente K. 5016 ⟦cuneiform⟧) Z. 4 der Vorderseite die Glosse *a-za-ag*. *a-zag*. Vgl. dazu auch DELITZSCH bei LOTZ, *Die Inschriften Tiglathpilesers I*, S. 87. Anm. 1. Ferner wird in den „Beschwörungsformeln gegen Krankheiten und böse Geister" S. 90, Z. 57 meiner *Keilschrifttexte* die akkadische Imperativform *aba-nin-* ⟦cuneiform⟧ „umwinde ihn" (assyr. *rukus*, vgl. meine *Familiengesetze*. S. 61) ⟦cuneiform⟧ *-ba-ni-in-* ⟦cuneiform⟧ geschrieben, während das einsprachige Duplicat dieses Textes (S. 101. Col. II, Z. 11) für ⟦cuneiform⟧ das Zeichen ⟦cuneiform⟧ *a* hat. Vgl. auch S. 104. Z. 11. Endlich lesen wir in der „Legende von den sieben bösen Geistern" IV R. 5, 71 b (S. 77, Z. 43 meiner *Keilschrifttexte*):

⟦cuneiform⟧ d. i. *dum Babbara Imi ursag a-ni-šú* [*aba-nib-gigi-êš*] „den gewaltigen Sonnengott, den Sturmgott, den mächtigen, in ihre Gewalt brachten sie sie", assyr. *itla Šamaš Ramán kardu ana idišunu uttiru* Z. 74 der ersten Columne haben wir dagegen in ebendemselben Satze an Stelle von ⟦cuneiform⟧ *a-ni-šú* „in ihre Gewalt" ⟦cuneiform⟧. ⟦cuneiform⟧ ist demnach im Akkadischen ⟦cuneiform⟧ *a* zu lesen.

32) Unter den in meinem akkadischen Glossar (*Keilschrifttexte*, Liefer. 4, Leipzig 1882) aufgeführten Wörtern scheint mir bei folgenden eine derartige Nominalbildung vorzuliegen: *agar* „Feld", *agan* „weibliche Brust", *amaš* „Gehege", *amar* „wilder Esel", *ara* „Weg", *alad* „ein Dämon", *alam* „Bild", *alim* (*êlim*) „mächtig", *ana* „Himmel", *anu* „Halm", *anum* „Himmelsgott"; *iti* „Monat", *igê* „Auge", *idim* „Höhlung", *ibil* „Sohn", *ibir* „Feldarbeiter", *isib* „Beschwörung"; *ukn* „Volk", *utug* „ein Dämon", *utul* „Herrscher", *ugur* „Schwert", *udu* „Lamm", *ubur* „weibliche Brust", *ušu* „Sonnenuntergang", *uzu* „Fleisch", *unu* „Wohnsitz"; *egir* „Hintertheil",

édin „Feld", *émé* „Zunge", *érib* „Schwiegertochter", *érin* „Ceder", *érim* „Krieger".

33) Dass 𒀮 im Sumerischen nicht *aka* gesprochen worden sein kann, ist sicher: es muss einen auf *m* auslautenden Lautwerth gehabt haben und zwar war dieser entweder *am* oder *im*. Für die Lesung *im* spricht das S. 530 meiner Abhandlung „*Über einen Dialekt der sumerischen Sprache*" Angeführte: 𒋛 𒀮 „geben" scheint ja *și-im*, *șim*. *șém*, *zém* gelesen werden zu müssen. Für die Lesung *am* dagegen kommt zunächt das Präfix der Abstractformen 𒈠 𒀮 in Betracht. Schon OPPERT hat, wenn ich mich recht erinnere, irgendwo die Meinung ausgesprochen, dass dieses 𒈠 𒀮 ebenso wie das akkadische Ideogramm 𒉆 *nam, na-am* zu lesen sei. *Na-im* zu sprechen ist ebenso bedenklich wie *și-am*. Das dem akkadischen Ableitungspräfixe 𒎏 *nin* entsprechende sumerische 𒀮 könnte ebensowohl *im* wie *am* gelesen werden.

Auf einen Lautwerth *am* führt folgende Erwägung. Das Ideogramm 𒀮 wird im Akkadischen in den Bedeutungen „lieben" assyrisch *râmu* (𒀀) und „messen" assyr. *madâdu* nach S^b 204/5 *aka* gelesen. Dies muss, wie wir oben gesehen haben, den akkadischen Auslautsgesetzen gemäss nach Abfall des Verlängerungsvocales zu *ag* werden. Es wäre nun sehr wohl möglich, dass die entsprechende sumerische Form (mit *m* statt *g*) *am* gelautet hätte und dem Zeichen 𒀮 in Folge dessen im Sumerischen der Lautwerth *am* beigelegt worden wäre. Eine Form *șiam*, *ziam* ist nicht undenkbar. Auch 𒋛 „dunkelfarbig" muss ursprünglich, wie III R. 59, Nr. 8, 1 zeigt, *siam*, was dann zu *sâm* und, mit Verklingen des auslautenden Nasals, *sá* wurde, gelautet haben. DELITSCH's (*Wo lag das Paradies?* S. 132) Annahme, dass der Stamm *sámu* (wovon der Steinname *sándu*) semitisch und „mittelhauchblantig" sei, halte ich für durchaus unzulässig. *Sâmu* ist, wie schon A. II. SAYCE, *Accadian Phonology*, S. 18 bemerkt hat, aus dem Akkadischen entlehnt.

Aus diesen Gründen scheint mir die Lesung *am* vor *im* den Vorzug zu verdienen. Ich bemerke noch, dass wie dem akkadischen 𒎏 *nin* „alles was" im Sumerischen ein 𒀮 *am* entspricht, so auch dem akkadischen 𒂗 *nin* „Herrin" oder auch „Herr" ein sumerisches 𒀭 *am* gegenübersteht. In dem sumerischen Hymnus IV R. 27. 63a heisst der Gott Bêl 𒀭 (so, nicht 𒂗; vgl. *Keilschrifttexte*, S. 183. Nr. XVIII) 𒀀𒅆 *am-ši* „Herr des Lebens" assyr. *bêlum napišti*. Vgl. dazu den sumerischen Beinamen des Gotte Êa 𒀭 𒀭 𒂗 𒀭 𒀭 *Ama-anaki* „Herr Himmels und der Erden" II R. 58, 52a. Das am Schlusse der sumerischen Hymnen öfter vorkommende 𒀭 𒀭 𒀭 𒀭 𒀭 𒀭 𒀭 𒀭 𒀭 𒀭 (z. B. IV R. 21, 49b; *Keilschrifttexte*, S. 117, Z. 13 und S. 122, Nr. 18, Z. 7) ist demnach (*dimmêr*) *am-ana-ki am-êri-zêbá-kid* zu lesen und bedeutet „(Der Gott Êa), der Herr des Himmels und der Erden, der Herr von Êridu," assyr. *bêl ša šamê u êrṣitim, bêl Êridi*. Beachtenswerth ist endlich auch noch die Stelle IV R. 21, 27b, wo dem assyrischen *bêlûtu* „Herrschaft" im Sumerischen 𒀭 𒂗 *i(m)-ma* entspricht.

34) Zu diesen Bemerkungen über die nominalen und verbalen Ableitungselemente bitte ich §§ 5 und 6 meiner *Grundzüge der akkadischen Grammatik* (*Keilschrifttexte*, Liefer. 4) zu vergleichen.

35) Auch unvollständige Reduplication kommt, wie François Lenormant zuerst bemerkt hat, vor. Ein Beispiel dafür ist *babbar* „glänzend, Sonne" für *barbar*.

36) Ich bezweifle, dass 𒈨𒂊 „ich" im Akkadischen *maê* zu lesen ist. Für die sumerischen Texte kann diese Aussprache unbedenklich beibehalten werden; die entsprechende akkadische Form wird aber wohl nicht *maê, vaê* sondern *gaê* gewesen sein. Nur *ga* ist für 𒈨 als akkadischer Lautwerth bezeugt. Dass in dem pronom. separ. das alte *m* in *g* überging, in dem pronom. suffix. *mu* dagegen unverändert blieb, kann nicht befremden.

37) „Ihr" wird *zaênêne*, „wir" etwa *gaênêne* (sumer. *maênêne*) gelautet haben. Vgl. auch IV R. 21, 49a. — *Zaênê* findet sich als pronom. suff. der 2. pers. plur. in dem unveröffentlichten sumerischen Fragmente K. 5016, das ich bereits oben, S. 35. Z. 8, angeführt habe. Hier entspricht dem assyrischen *libbu-ku-nu a-ḫu-u* im Sumerischen *bar ša(b)-za-ê-ne*. In den beiden folgenden Zeilen wird sumer. *ša(b)-mê(r)-ra-zu-ne* durch assyr. *uz-zu libbi-ku-nu* wiedergegeben und *ma-ê ê-ri-zu* durch *anakû ardukunu* „ich, euer Knecht" (*ana-ku ardu-ku-nu*). Die *bar ša(b)-za ê-ne* vorhergehende Doppelzeile beginnt *Nam-tar aza(g) ya* = assyr. *Namtâru asakku*, geschrieben *Nam-ta-a-ru a-sak-ku*.

Die Länge des zweiten *a* in *Namtáru* „Namtar", sowie des auslautenden *u* in *ahú* „Seite" ist sehr beachtenswerth.

38) Vgl. Sm. 954, Z. 29 der Vorderseite sowie *Keilschrifttexte* S. 118, Z. 9 der Rückseite. *Zada* „mit dir" findet sich auf dem sumerischen Fragmente K. 4648. von dem ich S. 178, Nr. 78 meiner *Keilschrifttexte* einige Auszüge veröffentlicht habe. Dort entspricht nämlich Z. 12/13 der Vorderseite dem assyrischen ⸻ *Iš-ta-ri ina ba-li-ka* ..meine (Ištar bez.) Göttin ohne dich" im Sumerischen ⸻ *ama Nin-(á-)mu za-da-nu-mé-a* d. i. wörtlich „Mutter Ištar mein mit dir nicht seiend". Z. 6/7 dieses interessanten Textes, den ich am 25. April 1882 zum zweiten Male im Britischen Museum collationirt habe, wird sumer. *šér-é mun-nab-* ⸻ (geschrieben ⸻ *-ri mu-un-na-ab-* ⸻) durch assyr. *şirḫa* (صرخ) *luḳbišu* (*şi-ir-ḫa lu-uḳ-bi-šu* wiedergegeben; Z. 12/13 *dim-mé-ir* ⸻ *-zu-ta* d. h. „der Gott an deiner Seite" durch assyr. *ilu ullánuka*, geschrieben ⸻ *ul-la-nu-uk-ka*. Z. 19 hat das Zeichen *ra* in *tu(r)-ra* „Kind" die Form ⸻, nicht die sumerische Form. — Zu dem auf S. 179 meiner *Keilschrifttexte* besprochenen Fragmente K. 4608 (IV R. 19, Nr. 3) will ich bei dieser Gelegenheit bemerken, dass ich Z. 10 der Vorderseite vor *ultéu* jetzt noch die Spuren des Zeichens *ti* erkennen konnte; es ist also *kisikkuki él[li]ti ultéu* zu lesen. Was sodann die beiden von SMITH zwischen IV R. 19, 53 und 54b ausgelassenen Zeilen, welche ich a. a. O. leider nicht vollständig mittheilen konnte, anbetrifft, so lautet der Ausgang derselben: *gi(g)-ga ba-* ⸻ ⸻ = assyr. *mar-şi-iš tu-* ⸻ ⸻ ⸻. Zwischen *tu-kat-tir-* (sic!)-*in-ni* und *marşiš* ist noch ⸻, d. i. wohl der Rest des Zeichens ⸻ zu erkennen.

39) Siehe IV R. 1. 38b.

40) Vgl. meine „*Familiengesetze*" S. 36 ff.

41) Siehe meine Abhandlung „*Über einen Dialekt der sumerischen Sprache*", S. 528, Anm. 4.

42) Vgl. dazu auch S. 48, Z. 43 und 44 meiner *Keilschrifttexte*. Hier hat der Schreiber Z. 44 vielleicht aus Versehen in der akkadischen Columne das Zeichen ⸻ ausgelassen, sodass wir statt *in-šin-dur* vielmehr *in-nešin-dur* zu lesen hätten. In der assyrischen

Columne scheint [*úšib*]*šu* und [*úšibšunú*]*ti* gestanden zu haben. Auch S. 46, Z. 25—28 wird zwischen *in* und *šin* ⊢△⊣⊺ zu ergänzen sein.

43) Die uncontrahirte Form *nu-an-tuk* „er hatte nicht" *Keilschrifttexte*, S. 65. Z. 4 steht ganz vereinzelt.

44) In *zéba nam-kuša* „die Kniee ermatten nicht" (IV R. 9, 38a) fehlt das Personzeichen *ba* wohl nur in Folge einer Auslassung des Schreibers. Auf alle Fälle kenne ich wenigstens kein zweites Beispiel dieser Art.

Weitere Erläuterungen zu meiner Darstellung der sumerisch-akkadischen Sprache findet der Leser in den „*Grundzügen der akkadischen Grammatik*" in der vierten Lieferung meiner „*Keilschrifttexte*". Dort sind auch die meisten der hier erwähnten Formen in Keilschrift aufgeführt, sowie durchweg die wichtigeren Belegstellen beigefügt.

Anhang. S. XLIII.

Über die Verwandtschaft des Sumerisch-Akkadischen mit den ural-altaischen Sprachen.

Von

O. Donner.

Vor sieben Jahren gab ich in dem achtzehnten Bande der Verhandlungen der Finnischen Gesellschaft der Wissenschaften eine kurze Besprechung des von FRANÇOIS LENORMANT im Jahre 1875 herausgegebenen Werkes „*La langue primitive de la Chaldée et les idiomes touraniens*". Ich hob dabei hervor, dass sich bei dem damaligen Standpunkte der Forschung keine zwingenden Beweise für die von dem genannten Gelehrten behauptete Verwandtschaft des Akkadischen mit den ural-altaïschen Idiomen — um den vagen Ausdruck *turanisch* zu vermeiden — ergeben könnten, da der nähere Zusammenhang zwischen den sogenannten altaïschen Sprachen überhaupt noch nicht hinlänglich bestimmt worden und die Beschaffenheit der für sie angenommenen gemeinsamen Ursprache noch gänzlich unbekannt wäre.

Die präpositive Verbalbildung des Akkadischen zeigte allerdings eine bemerkenswerthe Abweichung von dem suffixalen Charakter der nordasiatischen Sprachen, bei dem primitiven Agglutinationszustande des altbabylonischen Idioms aber konnte wegen dieses Umstands allein die Möglichkeit einer ursprünglichen Verwandtschaft nicht von vornherein in Abrede gestellt werden. Treten doch auch im Mongolischen die Formen der ersten und zweiten Person Singul. sowie alle Personen Plural. gewöhnlich vor den Verbalstamm, obwohl sie demselben auch nachfolgen können: zum Beispiel *bi abubai* oder *abubai bi* „ich nahm". Im Burjätischen dagegen ist die Suffigirung Regel geworden. Ähnlich ist das Verhältniss zwischen dem einander nahe verwandten Mandschu und Tungusischen. Dort heisst „ich, du, er schreibt" *bi arambi, si arambi, tere arambi* (das ist Personenzeichen + Verbalstamm + Tempussuffix, *bi*); das Tungusische dagegen bildet regelmässig: *ana-m, ana-ndi, ana-ran* „ich, du, er stösst". Ebenso lose zusammenhängend sind ja auch die verschiedenen Elemente der Verbalbildung in den westafrikanischen Sprachen. Zum Beispiel können im Wolof die Personalaffixe mit denen der Tempora und Modi den Platz wechseln; das Personenzeichen steht hier bald am Anfange, bald am Schlusse, zuweilen sogar in der Mitte des Wortes.

Wenn demnach die Verbalbildung des Akkadischen keinen sicheren Aufschluss über die weiteren Verwandtschaftsverhältnisse der Sprache unmittelbar geben konnte, so war doch wenigstens so viel klar, dass der Zusammenhang des Akkadischen mit den ural-altaïschen Sprachen, falls er überhaupt je vorhanden gewesen war, der Ausprägung der jetzigen Verbalgestalt der meisten dieser Sprachen und somit auch dem Auseinandergehen derselben vorangegangen sein musste.

Die Annahme einer derartigen verwandtschaftlichen Verbindung erschien bei Lenormant's Darstellung des Akkadischen nicht unwahrscheinlich. Von den vierzehn verschiedenen Postpositionen zum Ausdruck der Casusverhältnisse entsprachen sieben (*na, ta, ku, aš, la, li, bi*) ähnlichen in den altaïschen Sprachen; von den Zahlwörtern näherten sich vier (*id* „eins", *kas* „zwei", *aš* „sechs", *šešna* „sieben") den ugrischen und zwei (*iš* „drei" und *bara* „fünf") den türkischen, wobei die von SCHOTT hervorgehobene Thatsache, dass mehrere Zahlbegriffe der ural-altaïschen Sprachen nur vereinzelt in entfernter verwandten Sprachgebieten auftreten, in Betracht gezogen werden musste. Die Dualbildung zeigte, abgesehen von ihrem Ursprunge, bemerkenswerthe lautliche Übereinstimmung mit den samojedisch-finnischen Idiomen. Das Personalpronomen der ersten und zweiten Person wies dieselbe mit *m* bezw. *s* anlautende Form auf, welche den indogermanischen und den ural-altaïschen Sprachen gemeinsam ist; die Casus obliqui der ersten Person aber fielen gänzlich mit den *min-*, *mén-* Formen der altaïschen Idiome zusammen; auch das demonstrative akkadische *bi* fand im Türkisch-Finnischen ein entsprechendes Bildungselement. Ebenso liessen sich für die akkadischen Negationen *nu, nam, mé*, für das Causativsuffix *ta* und andere Einzelheiten Übereinstimmungen in den ural-altaïschen Sprachen nachweisen.

Diese Berührungspunkte waren nun zwar nicht besonders zahlreich und konnten zu einer endgültigen Entscheidung der Frage um so weniger genügen, als die ursprüngliche Formation jedes einzelnen der fünf altaïschen Sprachzweige noch nicht sicher gestellt war, geschweige denn die der vorausgesetzten ihnen gemeinsamen Grundsprache; sie liessen aber doch die Zusammenstellung des Akkadischen mit den ural-altaïschen Sprachen annehmbarer erscheinen als seine Eingliederung in irgend einen anderen Sprachstamm.

Unbedingte Voraussetzung bei diesen Untersuchungen war natürlich, dass die Resultate der grammatischen Forschungen LENORMANT's, vor Allem die Lesung der einzelnen Keilschriftzeichen, durchaus sicher gestellt waren. Dies scheint indess keineswegs der Fall gewesen zu sein. Die „*Sumerischen Familiengesetze*" von PAUL HAUPT (Leipzig 1879), sowie der Aufsatz desselben Gelehrten „*Über einen Dialekt der Sumerischen Sprache*" in den Göttinger *Nachrichten* (1880, Nr. 17), ebenso sein Vortrag am letzten Orientalistencongresse zu Berlin über „*Die sumerisch-akkadische Sprache*" geben ein ganz anderes Bild von dem Sumerisch-Akkadischen als die Arbeiten des berühmten Pariser Assyriologen.

Ich bin nicht im Stande, über die Lesung der vieldeutigen Keilschriftzeichen und die Auffassung der akkadischen Sprachformen ein Urtheil abzugeben, benutze daher lediglich das gegenwärtig vorliegende Material zu einer neuen Untersuchung der alten Frage, ob wirklich eine Verwandtschaft zwischen dem Akkadischen und den altaïschen Sprachen vorhanden ist. Nur unter der Voraussetzung, dass die Aufstellungen HAUPT's auch wirklich sicher stehen, können daher die folgenden kurzen Bemerkungen etwas zur Aufklärung dieser schwierigen Frage beitragen.

Um es von vornherein auszusprechen, stimme ich mit HAUPT darin überein, dass das Sumerisch-Akkadische entschieden keine ural-altaïsche Sprache ist. Es kann in keiner Weise mit irgend einem der angenommenen fünf Hauptzweige dieser Sprachen näher verbunden werden und es liegt meiner Ansicht nach jetzt auch nichts vor, was die Annahme einer Urverwandtschaft oder gemeinsamen Abstammung dieser Idiome irgendwie wahrscheinlich machen könnte. Ich will dies im Folgenden näher darzulegen versuchen.

Im Akkadischen herrscht bis zu einem gewissen Grade eine Art Vokalharmonie, sowohl bei der Zusammenstellung zweier Wurzelelemente als auch in der Formenbildung. Nun ist ja allerdings die Harmonie der Vocale, das heisst die Erscheinung, dass in jedem Worte nur harte Vocale mit harten und weiche mit weichen verbunden werden, eins der ausgeprägtesten und eigenthümlichsten Merkmale der nordasiatischen Sprachen vom östlichsten Asien bis zur Donau und der Ostsee. Wenn wir die akkadische Vocalharmonie aber etwas näher in's Auge fassen, so zeigt sich doch gleich ein wesentlicher Unterschied. Im Akkadischen wird das nominale Ableitungspräfix *a* vor Wurzeln mit *I*-vocal zu *é*: *na* „hoch sein", davon *a-na* „Himmel", dagegen *é-nim* „Himmel" von *nim* „erhaben sein". Der Wortschatz, welcher grösstentheils aus ein- oder zweisilbigen Wörtern besteht, zeigt bei den letzteren grosse Vorliebe für die Wiederholung des Wurzelvocals in der andern Silbe; vgl. *aga*, *agar*, *adam*, *alam*, *ama*, *amar*, *amaš*, *ara*, *azag*; *idim*, *iti*, *išib*; *ubur*, *ugur*, *udu*, *uku*, *utuk*, *utul*, *uzu*, *unu*, *uru*; *nanâ = ninni*; vgl. das akkadische Glossar in der vierten Lieferung von HAUPT's „*Akkadischen und sumerischen Keilschrifttexten*", Leipzig 1882. Ebenso zeigt sich progressive vocalische Lautassimilation (das ist Vocalharmonie) in mehreren Formen, wenn sie sich gleich nur über die beiden ersten Silben des Wortes erstreckt. So lautet das Pronomen der dritten Person Singul. als einverleibtes Verbalobject *nab*, *nan* oder *nib*, *nin*. In Verbindung mit dem Personenzeichen *mi* heisst es aber stets *mi-nin* oder *mi-nib*, niemals *mi-nan* bezw. *mi-nab*; zum Beispiel *mi-nin-si* „er gab ihm", *mi-nin-ša* „er schnitt ihn". Ähnlich wird die

Negation *nu* und das Precativpräfix *ġé* (*γe*) der folgenden Silbe entsprechend vocalisirt: zum Beispiel *na-an-lal* oder *nu-un-lal* (zusammengezogen *nan-lal*, *nun-lal*) „er wog nicht", nicht *nu-in-lal* oder *nu-an-lal*; ebenso *ġa-ba-ran-gaga* „er soll setzen", *ġa-ma-ġiġi* „er wende sich", *ġa-ba-nib-éne* „er fahre aus in sie" (die Wüste); dagegen *ġu-mu-rab-su(m)-mu* „er soll dir (*rab*) geben", *ġu-mu-nib-tutu* „er soll ihn (*nib*) hineinbringen", *ġén-šin-ġiġi* „er kehre zu ihm (*šin*) zurück". Vgl. HAUPT, *Die sumerischen Familiengesetze*, S. 43 und 57.

Dies ist nun sicherlich eine Art Vocalharmonie; die Erscheinung hat hier aber bei weitem nicht die Ausdehnung wie in den uralaltaïschen Sprachen. Am ersten könnte man sie mit der allitterirenden Lautharmonie, wie sie sich in der Käfirsprache bei der Verbindung der Substantiva mit den dazu gehörigen Demonstrativen und Adjectiven oder ähnlichen Präfixen findet, zusammenstellen. Dort richtet sich der Vocal des Demonstrativums vollständig nach dem folgenden Substantivum, wobei der anlautende Vocal des letzteren bei manchen Bildungen wegfällt; zum Beispiel *lowaya umtu* „jener Mann" aber *lo 'mtu* „dieser Mann"; *la 'madoda* (für *amadoda*) „diese Männer", *leyo inkosi* „jener Häuptling", *le 'nkosi* „dieser Häuptling". Ähnlich sagt man *obuya ubuso* „jenes Gesicht", *obu 'buso* „dieses Gesicht", *abaya abantu* „jene Völker", *aba 'bantu* „diese Völker". Wird ferner zum Beispiel das Wort *um-fazi* mit den Adjectiven *in-kulu* „gross" und *i-rara* „bitter" verbunden, so entstehen die Formen *um-fazi om-kulu* beziehungsweise *um-fazi o-rara*. In Verbindung mit den Wörtern *abantu* „Volk", *inkosi* „Häuptling" und *ihashe* „Pferd" erscheinen diese Adjectiva dagegen in folgender Gestalt: *abantu aba-kulu*, *abantu aba-rara*; *inkosi en-kulu* und *inkosi e-rara*; *i-hashe eli-kulu* und *ihashe eli-rara*. Es ist also eine mehr oder weniger vollständige Wiederholung desselben Determinativelementes an beiden Gliedern, ganz entsprechend der indogermanischen Congruenz der Endungen bei den Substantiven und Adjectiven wie *betul-a alb-a*, *flurin-m altu-m* etc. etc., nur in umgekehrter Ordnung. Ganz in derselben Weise wie bei dem akkadischen Precativpräfixe *ġé* wechselt im Käfir die Vocalisation des Comitativpräfixes *na* in Verbindung mit dem folgenden Substantivum: zum Beispiel *na bantu* „mit Volk", *no-buso* „mit einem Gesichte", *ne-nkosi* „mit einem Häuptlinge", *ne-hashe* „mit einem Pferde".

Bei der Nominalbildung des Akkadischen tritt uns, wie HAUPT bereits hervorgehoben hat, eine Berührung mit den westafrikanischen und hinterindischen Sprachen entgegen, indem bisweilen Nomina durch Vorsetzung einer Art vocalischen Augmentes (*a, i, u, e*) vor die Wurzel gebildet werden. Auch das Japanische kann in gewissen Fällen jedem Substantive das Präfix *o* beigeben. Im Akkadischen ist diese Art der Nominalbildung aber ziemlich selten, keineswegs zum allgemeinen Principe ausgebildet worden. Häufiger findet sich *nin* „allerlei" und sehr gewöhnlich *nam* „Schicksal" als nominales Ableitungspräfix, und zwar zur Bildung von Abstractformen. Ihrer Natur nach bilden sie mit dem folgenden Wurzelelemente einen zusammengesetzten Wortstamm; ebenso das Präfix für nomina loci *ki*, welches eigentlich „Ort" bedeutet und auch selbständig vorkommt: zum Beispiel *ki-mu-ta* „an meinem Orte, bei mir", wie ungarisch *kert-em-be* „in meinem Garten", eigentlich „Garten + mein + in".

Wie vielleicht die meisten Sprachen der Erde kennt auch das Akkadische keinen Geschlechtsunterschied. Dieselbe Form dient ferner auch zur Bezeichnung von Singular und Plural, Subject und Object. Zum Ausdruck der Mehrzahl wird indess in der Regel das Wort verdoppelt oder das Suffix *éné* angehängt, was wohl, wie HAUPT vermuthet, eine Abkürzung des Possessivsuffixes der dritten Person Plur. *néné* ist. Diese Bildungsmittel kommen auch anderswo häufig zur Anwendung. Sowohl die Dinkasprache in Ostafrika als die südaustralischen Mundarten und das Malayische verwenden dieselbe Form als Singular und Plural; bei einigen greift man zur rohen Verdoppelung des Wortes, schwächt dieselbe zur Reduplication am Anfange oder Ausgange des Wortes und gelangt schliesslich wie im Akkadischen zur Andeutung der Mehrzahl vermittelst eines demonstrativen Elementes. So heisst im Malayischen *òran* sowohl „Mensch" als „Menschen"; man kann aber auch die Mehrzahl durch *òran òran* ausdrücken oder die Pluralform des Demonstrativpronomens vorsetzen. Im Dinka wird dasselbe in diesem Falle nachgesetzt; zum Beispiel *żońkor* „Pferd", *żońkor-ke* „Pferde". Im Polynesischen sagt der Maori *pai* „gut", *papai* „gute", auf Tahiti dagegen heisst „gut" *maitai* und „gute" *maitatai*; auf Neu-Guinea *mun* „Mann", *mun-si* (eigentlich vir + ei) „Männer". Die drei Abstufungen dieser formalen Bildung wiederholen sich sonach auch im Akkadischen nur als logischer Entwicklungsgang und können daher nichts für die Verwandtschaft der Sprache beweisen.

Was sodann die Casusverhältnisse anbetrifft, so treffen wir auch anderwärts häufig die blosse Nebeneinanderstellung zum Ausdruck des Genitivverhältnisses, wie sie das Akkadische aufweist. Zur Andeutung bestimmter Casusverhältnisse werden ausserdem nach HAUPT auch die Postpositionen *kid* (für *kita*), *ta*, *ra*, *šu*, *da*, *nê*, *na*, *a*, *ka*, *êš*, *bi* und *gim* gebraucht. LENORMANT bietet *gê* für *kid*, *ku* für *šu* und *aš* für *ru*; noch mehr weicht er ab in den Bedeutungen, welche er diesen Partikeln beilegt. Das für mehrere der altaïschen Sprachen so charakteristische Locativsuffix *la* kommt nach HAUPT im Akkadischen überhaupt nicht vor; ebensowenig wird *na* jemals als Genitivpartikel gebraucht. Von den übrigen Postpositionen berührt sich nur das locative *ta* und *ka* „in" mit entsprechenden altaïschen Bildungselementen. Das Mongolisch-Burjätische besitzt eine Locativpartikel *ta*; dieselbe ist auch im Koibalischen, Tungusischen, Finnisch-Ugrischen (vgl. meine Abhandlung „*Verwandtsch. d. finn.-ugr. Spr.*") und anderswo vertreten. Ebenso giebt es im Mordwinischen, Ostjakischen und im Türkischen ein Dativsuffix *ka*. Inwiefern diese Postpositionen aber innerhalb der altaïschen Sprachen desselben Ursprungs oder neuere Bildungen sind, ist noch keineswegs sicher gestellt. Ausserdem ist zu beachten, dass auch das Dravidische ein Dativsuffix *ka* besitzt. Der sogenannte Determinativ LENORMANT's hat nach HAUPT die Bedeutung „zu, auf, hinzu, sammt, und". Eine Zusammenstellung mit dem Accusativsuffixe *m*, *b* im Altaïschen ist deshalb unzulässig, da die Bedeutung wohl zunächst locativen Charakter hat. Das Suffix *êš* „zu, auf", welches in der Form *aš* (wofür HAUPT *ru* liest) von LENORMANT Qualitativ und Adverbial genannt wird, zeigt eine gewisse, aber doch nur geringe Ähnlichkeit mit dem weit verbreiteten finnischen Illativsuffixe *sen*. Man hätte also im Ganzen höchstens drei Casusexponente, welche eine Vergleichung mit entsprechenden Suffixen in einigen altaïschen Sprachen gestatten, während sich für den indogermanischen Ablativ auf *t* und den Accusativ auf *m* identische Repräsentanten dieser Casus in den meisten der finnisch-ugrischen und mehreren der anderen altaïschen Sprachen aufzeigen lassen. Mithin geben auch die im Akkadischen zum Ausdruck der Casusverhältnisse verwandten Postpositionen keinen Grund zur Annahme einer Verwandtschaft.

Die Pluralbildung ist schon oben besprochen worden. Was den Dual anbetrifft, so scheint HAUPT diese Form überhaupt nicht anzuerkennen. Jedenfalls kann eine Identification desselben mit dem samojedisch-lappischen Dualcharakter um so weniger stattfinden, als das Zahlwort für „zwei", welches im Akkadischen nach LENORMANT als Dualsuffix verwandt wird, nicht *kas*, sondern *tab* lautet.

Bei jeder Sprachvergleichung sind, wie bekannt, die Zahlwörter von grösster Bedeutung. Abweichungen in diesem Punkte schliesst allerdings meiner Meinung nach die Möglichkeit einer Verwandtschaft nicht von vornherein aus, indess fällt die Identität der Zahlenausdrücke doch immer sehwer ins Gewicht. LENORMANT's akkadische Zahlwörter *id* „eins", *kas* „zwei", *iš* „drei" etc. zeigten ja eine ziemlich grosse Übereinstimmung mit den altaïschen; bei HAUPT's Lesungen *aš* „eins", *tal* „zwei", *péš* „drei", *tattab* „vier" kann aber höchstens *péš* mit dem tschuwassischen *visse*, jakut. *üs*, türk. *üč* verglichen werden. Damit ist aber nicht viel zu machen.

Die Personalpronomina *gaê* (sumer. *maê*) „ich", *zaê* „du", *êne* „er" und die entsprechenden Possessivsuffixe *mu, zu, na, ni, nê* oder *ba, bi* gehen offenbar auf die Stämme *ma, za, na* und *ba* zurück. Die beiden ersten berühren sich, wie schon oben erwähnt wurde, ebenso mit den entsprechenden indogermanischen Formen wie mit den ural-altaïschen. Verschiedene Possessivsuffixe für die dritte Person findet man bei mehreren Sprachen, welche in demselben losen Agglutinationszustande stehen wie das Akkadische. Im Jakutischen heisst *kini* „er", als Possessivsuffixe der dritten Person dagegen werden die Formen *ta, tä, to, tö, tyn, tin, tun, tün* oder *a, ä, o, ö, yn, in, un, ün* gebraucht, wobei sich das Suffixum nach der Beschaffenheit des vorhergehenden Lautes richtet. Ebenso wendet unter den afrikanischen Sprachen das Wolof mehrere Personenzeichen für jede Person an: Affix der ersten ist *na*, *ma* oder *má*, der zweiten *na* oder *yá*, der dritten *ma, mi* oder *mu*. Formell liegt also in dem Angeführten kein Hinderniss gegen Verwandtschaft nach irgend welcher Richtung, ebensowenig aber ein besonderer Grund für die Zusammenstellung mit den altaïschen Sprachen; denn *na* ist ein Pronominalstamm, welcher ebenso im Sanskrit wie im Finnischen vertreten ist, und *ba* mit *ma* wechselnd erinnert nicht nur an das türkische Demonstrativum *bu*, tschagatai *mu, bu*, sondern auch an afrikanische Formen. Die von LENORMANT angeführte, so merkwürdig mit dem Finnischen übereinstimmende, Form *mina* für die erste Person kommt nach HAUPT nicht vor. Das nur durch Vocalveränderung der Singularform entstandene plurale *mê* „unser" dagegen hat seine Analogie nicht nur im Finnisch-Ugrischen, sondern auch in Afrika. Zum Beispiel heisst im Wolof *na* „ich" und *nu*

„wir". im Wei *m* „ich" und *mu* „wir", im Mandingo *ala* „er", *ila* „sie" (Plural).

Betreffs der Verbalbildung wurde schon oben darauf hingewiesen, dass ihre eigenthümliche Gestaltung im Akkadischen nur die lose, erst beginnende und so zu sagen syntaktische Agglutination, welche in mehreren auf derselben Entwickelungsstufe stehenden Sprachen zu beobachten ist, bezeugt. Unter den allgemeinen Ableitungssuffixen *da, tu, ra* und *šu* wird das Reflexivstämme bildende *da* sowohl prä- als suffigirt; die übrigen werden nur als Präfixe verwandt und zwar im Allgemeinen mit causativer Bedeutung. Primitiv ist die Verwendung der Wurzel ohne jeden Bildungszusatz als transitiv und intransitiv, intensiv und causativ etc. etc. Auch die Tempusbildung zeigt nur geringe Entwicklung, da das Akkadische, ähnlich wie das Semitische und mehrere altaische und afrikanische Sprachen, nur zwei Zeitformen besitzt, eine für die fortwährende und die andere für die vollendete Handlung, gewöhnlich Präsens und Imperfectum genannt. Noch weiter geht die logische Übereinstimmung, indem der nackte Verbalstamm die Bedeutung eines Präteritum hat, während das Präsens oder die Fortdauer der Handlung entweder durch Reduplication oder vermittelst des Suffixes *é* angedeutet wird: zum Beispiel *in-lal* „er zahlte", *in-lal-é* „er zahlt". Ebenso ist die Einverleibung des Pronominalobjectes in die Verbalform eine Bildungsweise, welche dem agglutinirenden Standpunkte des Akkadischen ebenso wie vielen anderen mit einander nicht verwandten Idiomen überhaupt eigenthümlich ist. Das Nämliche gilt von der negativen Conjugation.

Unsere Betrachtungen führen demnach zu dem Endresultate, dass die formale Structur des Akkadischen der Annahme einer ursprünglichen Verwandtschaft mit den ural-altaischen Sprachen keine absoluten Hindernisse in den Weg legt, wenn man nämlich dieselbe in eine Zeit zurückverlegt, in welcher die altaischen Sprachen entweder ihre gegenwärtige Formenbildung noch nicht entwickelt hatten oder überhaupt noch nicht auseinander gegangen waren. Von jener blossen Möglichkeit aber ist der Abstand unendlich zu den bestimmten Behauptungen Oppert's und Lenormant's. Fallen die überraschenden Übereinstimmungen bei den Zahlwörtern fort, so reduciren sich die Berührungspunkte mit den nordasiatischen und den finnischen Sprachen dermassen, dass die Wahrscheinlichkeit einer Verwandtschaft zwischen diesen und dem Akkadischen um nichts grösser ist, als zwischen dem Akkadischen und den dravidischen Idiomen in Südindien oder irgend einer der afrikanischen Mundarten. So lange daher keine linguistischen Merkmale vorliegen, welche bestimmt auf einen ursprünglichen Zusammenhang mit der altaïschen oder anderen Sprachgruppen hinführen, müssen wir uns begnügen, dem Akkadischen vorläufig dieselbe isolirte Stellung zuzuweisen, wie dem Baskischen in Europa.

Im Jahre 1879 erschien zu Paris eine Studie von dem geschätzten Keilschriftforscher J. OPPERT: „*Le peuple et la langue des Mèdes*". Nach sorgfältiger Prüfung der dort angeführten grammatischen Eigenthümlichkeiten dieses Dialektes bin ich hinsichtlich des Medischen zu demselben Ergebnisse gelangt wie bei dem Akkadischen. Weitere Forschungen mögen vielleicht die Ansichten OPPERT's bedeutend modificiren; bei der Darstellung in dem erwähnten Werke sehe ich aber keine Veranlassung zur Annahme einer Verwandtschaft, weder mit den finnischen noch mit den türkischen Idiomen.

Wenn somit auch der Altaïsmus die Aussicht verloren hat, den Ruhm einer glänzenden Entwicklung seiner frühesten Geschichte einverleiben zu können, so bleibt doch der Sprachforschung die hochwichtige Aufgabe, die Entwicklungsgeschichte einer Cultur zu verfolgen, aus welcher sowohl Semiten wie Indogermanen in ihrem Kindheitsalter als Lehrlinge mit vollen Händen geschöpft haben.

Druck von Gebr. Unger (Th. Grimm), Berlin SW., Schönebergerstr. 17a.